小阿瑟·M. 施莱辛格
史学经典

美国的分裂

对多元文化社会的思考

[美] 小阿瑟·M. 施莱辛格 著　王聪悦 译

上海译文出版社

小阿瑟·M. 施莱辛格史学经典

总　序

小阿瑟·施莱辛格:“见证者历史”的书写者

顾云深

美国作为一个世界性大国，虽然立国时间也就区区二百五十年左右，其文化软实力则不容小觑，历史学作为文化软实力的一种呈现，在美国格外受到重视。自二十世纪以来，随着美国国力的增强和国际地位的提升，美国的历史学经历了职业化和学科化的发展，特别是自二十世纪初“新史学”——以历史学家詹姆斯·哈维·鲁滨逊（James Harvey Robinson）1911 年的著作《新史学》（*The New History*）出版为标志——发轫之后，极力主张打破狭隘的政治史研究传统，用进步的、综合的、多因素的观点从整体上考察历史的发展和演变，倡导历史学与新兴的社会科学相结合，注重历史的社会功能，强调历史为现实服务。由此呈现出史学发展的新面向、新格局和新趋势。在二十世纪美国史学发展的进程中，小阿瑟·M. 施莱辛格无疑是一位令人瞩目的历史学家，他与理查德·霍夫斯塔特（Richard Hofstadter）、埃里克·戈德曼（Eric Goldman）、丹尼尔·约·布尔斯廷（Daniel J. Boorstin）等同一代著名史学家成为接续二三十年代“进步主义史学”之后，在一九四〇年代至一九七〇年代最为活跃、最负盛名的历史学家，直至一九八〇年代之后各类新流派、新转向，如“新文化史”、“新政治史”等的出现后被迭代，但是，他们是二十世纪中期承上启下的一代史学家群体，也被贴上“自由主义史学”、“保守主义史学”或“一致论史学”等标签。

小施莱辛格出身史家名门，其祖父一代1860年从德国移民至美国，父亲阿瑟·M. 施莱辛格1917年从哥伦比亚大学获得博士学位，随后走上历史学教学和研究的道路，曾先后执教于俄亥俄大学和艾奥瓦大学，1924年获聘于哈佛大学，小施莱辛格随全家一起迁居到波士顿坎布里奇，从此与哈佛结下了深深的情缘。作为二十世纪初“新史学”的倡导者和践行者之一，施莱辛格勇于打破美国传统精英史学的羁绊，尤其关注美国社会生活史、劳工史、妇女史、黑人史等，所撰写的《殖民地商人与美国革命，1763—1776》(*The Colonial Merchants and the American Revolution*, 1763—1776)、《美国历史新观点》(*New Viewpoints in American History*)，以及主编的多卷本《美国生活史》(*A history of American life*) 等均获得学界的好评，其与弗雷德里克·杰克逊·特纳 (Frederick Jackson Turner)、查尔斯·奥·比尔德 (Charles A. Beard)、弗农·路易斯·帕林顿 (Vernon Louis Parrington) 等人一样，被认为是“进步史学派”的代表人物。

小施莱辛格的母亲伊丽莎白·班克罗夫特 (Elizabeth Bancroft) 据称和十九世纪美国最具声望的政治家、历史学家乔治·班克罗夫特 (George Bancroft) 是远亲。小施莱辛格从小受到家庭的熏陶，尤其是得到父亲在人文教育方面的培养，其年少聪慧，博览群书，涉猎甚广，1933 年，小施莱辛格十六岁，已经从高中毕业，考虑到进大学年龄还小，同时为了奖掖他学业优秀，父亲带他和全家作了一次环球旅游，以开阔他的眼界，更多地了解世界。他们游历了东亚、东南亚以及欧洲许多国家，瞻仰了人类文明史上许多著名的历史遗迹，从金字塔到雅典卫城、庞贝古城，从紫禁城、万里长城到吴哥石窟。正是在北京，哈佛大学毕业后又在牛津大学获得博士学位的费正清（John King Fairbank，当时他正在中国从事研究和学习汉语）带着他的新婚妻子威尔玛·坎农（Wilma Cannon，中文名费慰梅）前来拜访施莱辛格一家，与小施莱辛格结识。威尔玛·坎农的父亲沃尔特·布拉德福德·坎农（Walter Bradford Cannon）是哈佛大学医学院著名生理学家（坎农家的旧宅所在地后来建成现在的哈佛燕京图书馆）。1936 年小施莱辛格进入哈佛大学读书，十九岁的一年级新生认识了比自己大五岁的女孩玛丽安·坎农（Marian Cannon），她正是威尔玛·坎农的妹妹。当时已经回到哈佛的姐姐和姐夫慧眼识珠，也曾为他们的姻缘牵线搭桥。两人成婚后，小施莱辛格与费正清不仅变成了连襟关系，两位历史学家还成了终生的好朋友。我们从两人的相关记载中可以看到，1987 年正值费正清八十大寿，小施莱辛格夫妇专程去坎布里奇为其祝寿，而当年恰好也是小施莱辛格的七十大寿，费正清夫妇也特地到纽约海德公园的罗斯福总统图书馆参加了小施莱辛格的生日庆祝会，彼此之间有着深切的交往（据小施莱辛格《日记，1952—2000》[*Journals*，1952—2000]）。

在哈佛求学期间，小施莱辛格师从著名思想史家佩里·米勒（Perry Miller）和文学史家弗·奥·马西森（F. O. Matthiessen），以研究十九世纪美国思想家奥雷斯蒂斯·奥·布朗森（Orestes A. Brownson）的思想为主题的论文获得哈佛大学的荣誉学位，论文经他补充修改后成书，于1939年4月正式出版，书名为《奥雷斯蒂斯·奥·布朗森：一个朝圣者的成长》（*Orestes A. Brownson: A Pilgrim's Progress*）。这本书出版以后，受到一些史学名家如比尔德、亨利·斯蒂尔·康马杰（Henry Steele Commager）等人的好评，比尔德称之是“对美国历史写作的真正思考”。正是由于对布朗森的思想史研究，小施莱辛格对十九世纪美国社会历史发展和演变有了更为深切的理解，他接触大量有关社会等级和思想冲突、宗教教派和神学思想、社会经济和政治变迁等方面的文献史料，对一八三〇年代民主党总统杰克逊当政时期，美国由早年的精英民主政治向大众民主政治转型产生了兴趣，尤其是对当时美国史学界关于“杰克逊民主”的传统诠释产生疑惑，如“边疆学派”宗师特纳从“边疆在美国历史上的重要性”的角度，把“杰克逊民主”主要解释为“源自密西西比河流域的边疆民主社会”，过于强调区域利益冲突，而忽略财富与阶级的不平等和冲突。这样的问题意识激发起小施莱辛格对探究杰克逊时代历史的浓重兴趣。同时，他也试图在美国的历史中为当时罗斯福总统正在大张旗鼓实施的“新政”寻找先例，以此证明“新政”的合法性。他把思想史研究与政治史研究结合起来，以思想史的方法来研究政治史，采用文献档案和口述史并重的手段，对杰克逊时代美国社会的转型、美国民粹主义运动的兴起、两党制度建构与形塑等问题，进行了深入细致的研究，撰写了成名作《杰克逊时代》，打破了以特纳为代表的“边疆学派”片面地将“杰克逊民主”的形成完全归结为源于西部边疆生活的观点，他认为，“杰克逊民主”同样具有重要的东部起源，尤其是杰克逊主义中的激进主义的来源，就是东部那些思想家和知识分子的产物，他明确提出阶级冲突是发生社会变革动力的观点，认为：“杰克逊民主”的真正动力源于日益城市化、工业化的东部，那里的劳工阶级、作家和知识分子在更为激进的经济民主中起到了领导作用。“杰克逊民主”更多地表现为阶级斗争而不是区域之间的斗争，而在美国政治生活中，阶级斗争的形式便是工商业界与其他所有群体之间对国家控制权的争夺。该书在 1945 年出版后，即获得学界甚高的评价，被认为是“进步主义史学”最后一部具有里程碑意义的著作，“具有成熟的眼光和分析性的思考”（著名史家霍夫斯塔特语）。史家阿兰·内文斯（Allan Nevins）在书评中称：该著“赋予了杰克逊主义运动新的意义……是值得关注的分析历史作品，充满活力，富于洞察力和新的事实”。《杰克逊时代》获得 1946 年普利策历史著作奖，一举奠定了他在美国历史学界的地位。此时，小施莱辛格才二十八岁，可谓是少年成名。由于其出色的史学才华和成就，同年即被哈佛大学聘为历史系副教授。施莱辛格父子两人同时执教于哈佛大学历史系，施莱辛格把自己在哈佛常开的一门课程《美国社会与思想》拆分成两门课，思想史部分由小施莱辛格开设名为《美国思想史》课程，他自己则专讲《美国社会文化史》。父子接续，相得益彰，受到了哈佛学生的欢迎，“上阵父子兵”也成为哈佛校园中的一道靓丽风景。

小施莱辛格和其父母均是坚定的自由主义者，也是民主党的忠实拥趸，他在学生时代就十分赞赏一九三〇年代罗斯福总统为克服美国经济大萧条而实施的“新政”社会改革。面对战后美国出现的保守主义思潮，“反共”“恐共”也成为攻击和诋毁“新政”的借口，在东西方冷战的缘起阶段，小施莱辛格对美国历史上的自由主义传统进行了总结和反思，撰写了一部为自由主义张本的政论性著作——《核心：自由的政治》，于1949年出版。此书全面阐述了他对自工业革命以来世界历史发展的深入分析和主要观点，以及对战后国际关系和国际形势发展趋势的判断，提出要理解自由主义传统，秉承“新政”自由主义的路径，除了“核心”，无左无右。唯如此，才能真正捍卫美国的自由民主制度。他的这部政论性著作被评论界视为“一部战后自由主义的宣言”。同时，也标志着小施莱辛格从进步主义历史观向自由主义历史观的转变。在“非美活动忠诚调查”和麦卡锡主义猖獗一时的年代，他秉持自由主义的立场，认为意识形态的对立只是思想的分歧，并非你死我活的斗争，反对对同情和支持左翼的知识分子进行打压和迫害，他不赞同把所有身为共产党员的教授开除出大学的观点，主张“在课堂上要采取价值中立的态度”。

从第一次世界大战结束到第二次世界大战结束的三十年

间，美国经历了一些具有特殊意义的历史事件：“一场史无前例的资本主义扩张，一次美国历史上最大的经济危机，一场引人注目的政治改革试验，一次天翻地覆的世界性战争。美国跃居世界领先地位。”（埃里克·方纳《新美国历史》）大家都想了解自己所生活的那个动荡起伏、风云变幻的年代，专业历史学家们纷纷著述立说，写出了一大批研究这一历史时期的作品。1957 年至 1960 年，小施莱辛格出版了《罗斯福时代》三部曲，即《旧秩序的危机：1919—1933》、《新政的来临：1933—1935》、《剧变的政治：1935—1936》。与绝大部分论述罗斯福“新政”的作品或其他罗斯福传记不一样的地方是：小施莱辛格并不局限于“新政”本身来讨论“新政”，也非主要突出罗斯福个人对“新政”的建树和贡献，而是将“新政”和罗斯福个人置于一个特定的、宏观的历史背景中加以考察和论述。他曾说：“一切都是以我当时所处的历史时代为条件的。”该三部曲的第一部《旧秩序的危机：1919—1933》，就着重追溯和分析了“新政”的思想和历史根源，特别是将罗斯福的政治思想与伍德罗·威尔逊、西奥多·罗斯福的政治思想进行对比研究，指出了他们的异同，以及小罗斯福汲取了前任思想观念的合理部分，形成了他自己独特的政治思想和实施“新政”的政治理念。小施莱辛格以后来逐步成型的“美国历史周期理论”为分析范式，他把这种范式称为“全国范围内公共目标和个人利益之间的持续转换”。每隔数十年，就会出现一个这样的历史周期，因此，小施莱辛格深入地分析了一九二〇年代美国社会在共和党保守主义政府治理下，如何从所谓的“柯立芝繁荣”走向经济大萧条的过程。小施莱辛格对“新政”这一历史事件的记述是全景式的，书中详实地描述了罗斯福动员当地美国人和移民，各种族（无论黑白）选民，无论北方各州还是南方各州的各阶层选民结成联盟来赢得大选的胜利。《罗斯福时代》这部巨著还“记录了美国社会在公共政策引导下成功向现代资本主义社会转型与过渡的过程，充分展示了现代民族国家采取切实有效的尝试和举措，增强危机的处置能力，妥善应对史无前例的经济困境，从而帮助人们克服恐惧心理，摆脱危机阴影，从而取得经济发展和社会改革的业绩和成效”。（艾拉·卡茨尼尔森《恐惧本身：罗斯福新政与当今世界格局的形成》）小施莱辛格还认为，“新政”是悠久的改革传统的一部分，该传统可以追溯到美国的立国之初。“新政”改革也是群众性的民主运动的一部分，这场运动在与那些贪婪自私的利益集团的斗争中获得了成功。这部著作气势宏大，文笔优美，论述生动有力，感人至深，出版后获得了史学界和一般读者的欢迎和好评，极大地影响了人们对罗斯福时代的看法，第一卷《旧秩序的危机：1919—1933》还获得了美国历史学最高奖班克罗夫特奖，著名史学家约翰·威廉·海厄姆（John William Higham）曾评价说：“自从乔治·班克罗夫特那个时代以来，首次有一部描述美国历史中一段时期的多卷本学术著作能获得如此高度的赞扬。”（海厄姆等《历史：美国历史研究的发展》［*History: The Development of Historical Studies in the Unite States*］）当代史家卡茨尼尔森也指出，在众多历史学家中，小施莱辛格“首先提出了围绕救赎这一主题书写‘新政’历史的主张。这也是最早由职业历史学家对这一主题作出的严肃评判，为后来的‘新政’研究定下了基调”。

在《罗斯福时代》三部曲中，小施莱辛格解释历史的框架再次发生了变化，他不再坚持“进步史学派”的那种“阶级冲突论”，而是致力于论证“美国的政治传统主要是基于一种自由主义的和谐一致”。后来有人也把他归入“和谐论”的历史学派中，其实他与“和谐论”有所不同，他更大程度上是一个自由主义史学的代表人物，不仅在历史研究和历史书写中秉持这样的观念和立场，在参与具体政治实践中，亦是如此。由于两次世界大战的经历，小施莱辛格体会到知识分子的思想和才华也可以对社会与现实政治产生影响，他希望自己不同于父亲，仅仅充当一个温和的自由主义者，而是像他从小就敬仰的先辈班克罗夫特一样，既能成为一位伟大的历史学家，也能在政治舞台上发挥自己的作用。他对于介入政治行动有了很大的热忱和积极性，也成为一个在政治上的行动主义者。1947 年他与罗斯福夫人埃莉诺等人一起发起组建了自由主义者的政治组织“美国人争取民主行动”（ADA），并在该组织中发挥思想智囊的作用。1949 年出版的《核心》一书，被称为“战后自由主义的宣言”，自然也是 ADA 的行动纲领。1952 年和 1956 年，小施莱辛格先后两次参加了民主党人阿德莱 · 史蒂文森的总统竞选班子，成为史氏的演讲撰稿人，但是，史氏两次都败给了共和党候选人艾森豪威尔。然而，小施莱辛格的自由主义观念引起了民主党参议员约翰·肯尼迪的注意，遂将其吸纳到自己1960年的总统竞选团队中来，一方面，他觉得小施莱辛格可以成为他和自由主义知识精英之间的一座桥梁，另一方面，他觉得小施莱辛格对自由主义观念的一些阐释可以为他的竞选纲领提供一些新意，这恰恰是他本人最感缺乏的。正如肯尼迪传记的作者罗伯特·达莱克（Robert Dallek）所言："施莱辛格加入肯尼迪的竞选阵营，主要是因为他认为肯尼迪与史蒂文森相比是个更加现实的自由主义者，而帮助杰克发现一种与众不同的自由主义观点的正是施莱辛格。"（罗伯特·达莱克，《肯尼迪传》）肯尼迪试图学习罗斯福，网罗了一批知识精英进入他的智囊团，小施莱辛格与沃尔特·惠特曼·罗斯托（Walt Whitman Rostow）、约翰·肯尼思·加尔布雷斯（John Kenneth Galbraith）等人成为大卫·哈伯斯坦（David Halberstam）所称的"出类拔萃之辈"中的一员，肯尼迪任命他为总统的特别助理，参与白宫内外事务的处理。史学家从政，究竟能发挥什么样的作用？确实引起过一些人的质疑。肯尼迪的密友和幕僚特德·索伦森（Ted Sorensen）曾写道："其在白宫的职责还是引起了一些人的诟病，说他不过是装饰门面的知识分子，这些人或者不了解肯尼迪总统以史为鉴、对历史的重视程度，或者不了解阿瑟有着多么敏锐的政治头脑……后来阿瑟写的关于约翰·肯尼迪和罗伯特·肯尼迪的传记充分证明了白宫的选择是明智的。"（特德·索伦森《总统幕僚：在肯尼迪身边十一年》）

1963年11月23日，肯尼迪总统在达拉斯遇刺身亡，

1968年6月4日，曾在肯尼迪政府中担任司法部长的弟弟罗伯特也被刺杀身亡。罗伯特·肯尼迪遇刺身亡后一个月，其遗孀埃塞尔就向小施莱辛格提出要求，请他为其丈夫撰写一部传记，尽管此时小施莱辛格还沉浸在肯尼迪总统遇刺后深深的悲伤之中，他曾对朋友说："因为伤心欲绝而无法静心思考。"（理查德·奥尔德斯《施莱辛格：帝国历史学家》[Richard Aldous, *Schlesinger: The Imperial Historian*]）但是面对肯尼迪兄弟的遗孀杰奎琳和埃塞尔以及他们的家庭，他都是无法拒绝的。他曾经说过，作为一个"长时期以来唯一能从白宫这一有利位置观察历史的职业历史学家"，当然义不容辞地有责任把这段历史记录下来。另一方面，他也是为了回应当时由著名记者与史家威廉·曼彻斯特（William Manchester）的畅销书《总统之死》（*The Death of a President*）中对肯尼迪兄弟夸张和不实的叙述。为了如实记录肯尼迪总统白宫执政的岁月，他曾因肯尼迪的要求，积累了许多重大事件决策过程的记录和笔记（本是准备为肯尼迪将来自己所用），后来又对一些当事人作了口述史实录来加以补充。他花了一年多的时间，撰写了《一千天：约翰·菲·肯尼迪在白宫》，1966年再度获得了普利策传记奖和国家图书奖。后来又完成了罗伯特·肯尼迪的传记《罗伯特·肯尼迪及其时代》，此书也获得了国家图书奖。因为要连续为肯尼迪兄弟立传，他不得不放下《罗斯福时代》第四卷的写作，致使这部伟大的多卷本著作始终存在未竟的遗憾。而事实上，作为肯尼迪的同龄人，小施莱辛格对于"接过火炬的一代"（指出生于二十世纪的年轻一代政治家）有着充满理想主义色彩的期望，按照他正在逐步成型的“美国历史周期理论”，肯尼迪正是接续罗斯福“新政”改革传统的一代，这一代不但可以塑造出一种新型的自由主义，而且是在政治上可能更能创新的人。《一千天》如同他的前两部作品一样，具有优秀史家的宏大叙事风格，史实清晰，细节生动，为读者勾画出肯尼迪当政时期内外政策形成和决策的历史情境。

当然，小施莱辛格从内心深处是希望能将肯尼迪时代与美国历史上的自由主义改革传统接续起来，为它的存在提供合法性的证明。正是由于对肯尼迪兄弟执政历史的分析和记载，使之成为继“杰克逊时代”、“罗斯福时代”，直到“肯尼迪时代”的这样一部美国民主党自由主义传统和推进社会变革的作品系列，也形成了小施莱辛格主要历史著述的一个特征。作为被评论界称为一度处于美国政治核心圈的人物，小施莱辛格如此接近政治权力中心，可以利用局内人和局外人的双重身份，以及历史学家的独特视角来描述和分析美国统治集团内部的政治运作，但是，这样的描述和分析能否摆脱政党圈子的立场和偏袒，能否具有真正的客观性和可信度，也常常遭到学界和社会的质疑，有人就说他是“肯尼迪的卡米洛（Camelo，传说中英国亚瑟王宫廷所在地。）”，是“宫廷历史学家”，是“肯尼迪神话”的制造者之一。但是，小施莱辛格指出，在历史学职业化之前，许多伟大的历史学家撰写的历史就源于他们亲身的经历。涉足历史纪录的客体对历史学家而言是有益的。他后来在谈到历史学的功用时指出："历史学家的目标是在重现往事的过程中力争做到准确，抽丝剥茧与客观公正。但是历史并非仅仅是供奉于大雅之堂中的一门学科，它在国家走向未来的过程中扮演着独特的角色。历史之于国家就像记忆之于个人，一个人被剥夺了记忆，会感到无助与迷失，全然忘记他去过哪里或即将前往何处。以此类推，当一个国家否定了自己的历史时，它将无法应对自己的当下和未来。"

离开白宫后，小施莱辛格又回到校园，他被纽约市立大学聘为阿尔伯特·史怀哲人文讲座教授，除了教书写作，也较多地参与社会政治活动，发挥着一个自由主义公共知识分子的作用，关注着美国社会和政治，在各类媒体上发表了许多论文和时评，一部分结集出版，如讨论美国历史发展问题的《美国历史的周期》，探讨美国总统制度的《帝王总统》和《战争与美国总统制》，参与美国种族问题与多元文化主义争辩的《美国的分裂：对多元文化社会的思考》。其"美国历史周期理论"来源于其父亲施莱辛格的"国家政治趋势论"，并吸纳了一九六〇年代社会学中"代"的理论发展而成，认为美国"政治周期"就是国家在公共目标与个人利益之间的一种持续不断的运动。他以此理论解释二十世纪的美国历史，对一些相关的社会科学领域产生了一定的影响，不过褒贬不一，争论不少。对美国总统制的研究，主要体现其自由主义态度和立场，尤其是针对二十世纪以来美国总统行政权力的扩张，小施莱辛格提出了"帝王总统"的概念，其时恰逢美国政界为尼克松总统的"水门事件"闹得沸沸扬扬之际，“帝王总统”很快成为被学界和社会接受的一个政治术语，认为其恰如其分地阐释了二十世纪以来随着美国经济实力增长和国际地位上升，美国总统制所发生的变化。由于其长期参与总统竞选的实践，并一度担任总统的特别助理，使那些研究总统史的专家也不得不承认其著述具有很强的说服力（福里斯特·麦克唐纳，《美国总统制：一部知识史》[Forrest McDonald, *The American Presidency: An Intellectual History*]）。对于自一九八〇年代兴起的关于“多元文化主义”的讨论，小施莱辛格也积极参与其中，1991年出版的《美国的分裂：对多元文化社会的思考》一书，即是他针对美国的种族歧视和种族隔离的历史痼疾，将“多元文化主义”放在美国历史发展的进程中加以考察，认为正是来自世界各地的民族和种族在怀着共同的信念和理想，在北美大陆的历史进程中逐步“合众为一”，而融合成为一个全新的国家和民族。他坚持美利坚国家认同，反对偏执地极力地宣扬“非洲中心论”、从一个极端走向另一个极端的倾向，担忧族群自我认同超越国家认同有可能产生的危害，其最终结果必将导致美国的分裂。对照当下的美国，小施莱辛格的担忧不无道理。

作为历史学家的小施莱辛格，一生笔耕不辍，除了为世人留下了十几部史学专著之外，还主编过许多有价值的历史文献资料，如在《牛津美国历史学会历史文献指南》（*The American Historical Association's Guide to Historical Literature*）中就列入了其主编的《大西洋移民与美国的建立：1607—1860》，此外还有《美国的思想道路》（*Paths of American*

Thought）、四卷本的《美国政党史》（*History of U.S. Political Parties*）和十卷本的《美国总统选举史：1789—1984》（*History of American Presidential Elections*，1789—1984）等。2000年他八十三岁，出版了自己两卷本的回忆录中的第一卷《20世纪的历程：1917—1950》（*A Life in the 20th Century*，*Innocent Beginnings*，*1917—1950*），2007年去世后，他的儿子安德鲁（Andrew Schlesinger）和斯蒂芬（Stephen Schlesinger）又根据他的日记编辑了回忆录的第二卷《日记：1952—2000》以及《小施莱辛格书信集》（*The Letters of Arthur Schlesinger Jr.*）。由于小施莱辛格具有多重面向，西方著名的《历史学家与历史著作百科全书》（*Encyclopedia of Historians & Historical Writhing*）认为他“可能是二十世纪下半叶最知名和最具争议的历史学家”。2017年，英国史家理查德·奥尔德斯编写出版了小施莱辛格的传记：《施莱辛格：帝国的历史学家》，因其九十年的一生确乎伴随着美利坚“帝国”盛衰荣辱的过程。1988年10月26日，《纽约时报》用一整版的篇幅，刊登了一份自由主义的公告，训斥时任总统里根对自由主义的嘲弄和轻蔑，坚称自由的原则是永恒的。包括小施莱辛格、肯尼思·加尔布雷斯、丹尼尔·贝尔（Daniel Bell）等在内的六十三位著名自由派公共知识分子在上面署了名，当代著名历史学家托尼·朱特（Tony Judt）称他们是“关键的知识分子核心人物，是美国公共生活中的坚强道德中心”。（托尼·朱特《重估价值——反思被遗忘的20世纪》）

2015年我在为谈丽博士的专著《小阿瑟·施莱辛格史学

思想研究》（复旦大学出版社，2015 年）撰写序言时曾说道："在中国，不知出于什么原因，除了《一千天：约翰·菲·肯尼迪在白宫》和由其主编的《美国政党史》有中译本（其实都是摘译本）之外，他的重要著作《杰克逊时代》、《罗斯福时代》三部曲、《美国历史的周期》、《罗伯特·肯尼迪及其时代》、《帝王总统》以及《美国的分裂：对多元文化社会的思考》等，目前都无中译本。而事实上，对小施莱辛格的史学与史学思想的剖析和研究，无疑有助于加深我们对二十世纪美国史学史和思想史的理解。"2016 年，上海译文出版社决定把译介小施莱辛格的主要史学著作列入该社的出版计划，并购买了其中十部主要史学著作的版权，翻译出版，以飨读者。尽管，小施莱辛格的史著是二十世纪中期的作品，它的某些观点和结论已经显得落伍，他本人也始终摆脱不了时代和阶级的局限性，但是在美国史学史、政治史和思想史研究发展过程中，无疑还有其一席之地，特别是《杰克逊时代》、《罗斯福时代》等作品，既有学院派职业历史学家的深邃眼光和扎实功力，又兼具深受读者喜爱的通俗历史作品书写中叙事精彩和文笔生动的特点，至今仍被认为是史学的经典之作。对于中国读者来说，要了解二十世纪美国历史，小施莱辛格的史学作品依然是值得一读的。如果要想深入了解小施莱辛格的史学思想，前述谈丽博士的专著《小阿瑟·施莱辛格史学思想研究》可以说是目前国内学界最为扎实最为深入的著作，可以参照阅读。

2021 年 9 月

目 录

再版序言

9

《美国的分裂》第一版被纳入惠特尔出版公司的“大议程丛书”，于1991年问世，为当时有关“多元文化主义”这一新现象的讨论做出了贡献。次年诺顿出版社又推出了稍作修改的普及本。

初版问世六年来，关于该议题的论争出现了新的面向。诺顿出版社此次再版对该书文本部分进行了新的修订、突出一些重要观点、指明前沿问题并添加了结语，结语对政治光谱上偏左的文化多元主义以及偏右的单一文化主义如何影响《权利法案》做了专门讨论。与此同时，这一版还添加了包含作者资料来源书单的新附录，这对深入阐明美国经验不可或缺。

小阿瑟·M. 施莱辛格

前　言 11

冷战的消逝的确为那个充斥着意识形态之争的时代画上了句点，但并未像预测的那样，带来历史的终结，事实上不过是用一系列新的仇恨取代了旧的版本。当东欧逐步摆脱沉重的意识形态压迫时，深植于该地区的历史经验和记忆中的民族对立情绪也随之释放，第三世界国家内部意识形态竞争的消失，使得原本因两个超级大国对峙而受到抑制的民族矛盾、部落冲突纷纷浮出水面。随着意识形态冲突时代的结束，人类进入，或者更准确地说，重新进入了一个较先前更 12
为凶险的民族和种族仇恨时代。

部落间的敌意是人类最本能的反应之一，然而我们这个星球的历史很大程度上就是一部人口之间相互融合的叙事。大规模移民自一开始便是诸多仇恨的源头。二十世纪即将结束，许多因素——不仅是冷战铁幕的解除，还包括通讯与交通工具的飞速发展，人口的井喷式增长，传统社会结构的瓦解，逃离暴政、贫困、饥荒和生态灾难的诉求，以及在异域过上向往生活的美好愿景等，都促使人们跨越国界。

世界在收缩，人口的复杂情况更甚于以往任何时候。收缩进程就好比一把割裂世界的锯子，一方面给全球化带来巨大压力，另一方面加剧了分裂。世界市场、电子科技、即时通讯、电子邮件、美国有线电视新闻网，所有这些均加速了传统民族国家的瓦解，一个原有国界趋于消弭的世界由此正在成型。与此同时，这些强大的国际化力量促使普通人在他们难以控制和理解的全球潮流裹挟中寻求庇护。当他们越强烈地感觉到任何个体都渺小无依，仿佛独自漂浮在不可名状、缺乏人情的“汪洋”之上，随时面临被吞噬的厄运时，他们便越发不顾一切地寻求任何看似熟识且能提供安全感的“救生筏”——身份政治恰好满足了此类渴望。由此可知，融合和分裂实际上是一体两面的。在这个后意识形态时代，
13 世界一体化程度越高，人们就越倾向于在民族和宗教信仰所定义的群体中找寻自我。

当分属不同族群、操着不同语言、信奉不同宗教的人生活在同一块土地上并受同一政权管辖时会发生什么情况？除非追求相同目标，否则部落冲突早晚会使他们陷入四分五裂的局面。在黑暗的未来世纪，文明面临着一个至关重要的问题：是什么将一个国家凝聚在一起？

在十九世纪，没有人比约翰·斯图尔特·密尔对代议制政府的思考更深刻。他指出，用以界定国家的要素有二：一是部分居民接受共同管理的共识；二是共同的历史记忆、价值观、语言所浇灌而生的“共同情感”（common sympathy）。密尔认为，在一个多民族国家内，自由制度很难实现，特别是当他们不具同胞之情，且使用不同的语言阅读和交流时，建立代议制政府不可或缺的要素之一——一致的公共舆论实难出现。概言之，形成自由制度的一个必要条件就是政权管

辖范围应同民族所对应的边界基本一致。

这种重合情况在当今世界可谓少之又少，目前单一民族
国家几乎是凤毛麟角了。当下每天发生的事件暴露出民族凝
聚力的脆弱性。目之所及，部落主义引发的国家分崩离析不
在少数。苏联、南斯拉夫、捷克斯洛伐克已然解体，印度、
印度尼西亚、爱尔兰、以色列、黎巴嫩、斯里兰卡、阿富
汗、卢旺达深陷种族或宗教冲突之中。族群关系紧张曾经扰
动并使多个国家趋于分裂，南非、罗马尼亚、土耳其、格鲁 14
吉亚、阿塞拜疆、菲律宾、埃塞俄比亚、索马里、尼日利
亚、利比里亚、安哥拉、苏丹、刚果、圭亚那、特立尼达，
凡此种种，不胜枚举。即便是像英国、法国、比利时和西班
牙这样相对稳定和发达的国家，也日益受到族群和种族问题
的侵扰。《经济学人》有评论说："部落主义的病毒……恰如
国际政治染上艾滋病，潜伏数年，一经发作即刻击溃整个
国家。"

以我们的北部邻居为例，加拿大一直被认为是最理智和最平静的国家。如《经济学人》所言：无论据哪一套标准来评判，加拿大的富庶、平和都成功到令人艳羡，然而时至今日，它却处在崩溃的边缘。叶礼庭[1]论及加拿大时称："作为全球最富裕的五个国家之一，这个国家拥有得天独厚的地理优势和发展机遇，曾吸引来自各地的穷苦潦倒者定居于此，寻求新生，然而如今，它却在自我撕裂的道路上渐行渐远。

1 Michael Ignatieff，加拿大学者、政治家。

如果连这样一个经济发展水平位列全球前五的国家都难以维系一个多族群的联邦制国家，那么还有哪个国家能够做到呢？”

至少目前，美国可以作为这个日益重要的问题的答案。

所以接下来要思考的问题就是美国何以独辟蹊径？一般而言，如果一个国家无法给具有不同族群背景的人们提供令人信服的理由，让他们视彼此为同一国家的一分子，那么这个国家迟早会分崩离析。尼日利亚著名的小说家、诗人和评论家钦努阿·阿契贝描述自己的国家——一个昔日在非洲大陆富甲一方，今日濒于兵荒马乱、惨状环生的国度时提到：“尼日利亚的致命缺陷在于国人无法做到同仇敌忾、共同对付严重的威胁，而是为了不同宗教、族群的利益同室操戈。”

相较而言，美国做到了——建立起一个多族群国家，并且除去那场可怕的内战外，多数时候始终保持团结一致、众志成城。令人好奇的是，鉴于美国自诞生之日起即为多族群国家，国民分属不同族群，是什么让美国人在动荡的两个世纪里仍团结在一起？赫克托·圣约翰·克雷夫科尔于1759年从法国前往美洲殖民地，娶了一位当地女子为妻，并在纽约殖民地奥兰治县的一处农场定居下来。独立战争期间，他著有《美国农人信札》（以下简称《信札》）。这位十八世纪的法裔美国人在书中讶异于各地人口在美利坚土壤上共生共荣的盛况——“这里住着英格兰人、苏格兰人、爱尔兰人、法国人、荷兰人、德国人、瑞典人，你可以见到在任何其他国家都找不到的奇异的混血人。”

他以一个家庭为例继续论证该现象：这家的祖父是英格兰人，其妻是荷兰人，儿子娶了一位法国妻子，生下四个孩子后各自娶妻，竟来自四个不同国家。正是基于如此复杂的通婚融合，才孕育了今日的美利坚民族。（十八、十九世纪时，race 一词意义上等同于今天我们所说的 nationality。因此人们会提到英格兰民族［the English race］、日耳曼民族［the German race］等。）克雷夫科尔视角下，这一横空出世的民族具备哪些特点呢？同样在《信札》中，他提出了那个闻名于世的问题：究竟什么是美国人，如何看待这一“新民族
（new man）”？（二十世纪的读者有必要忽视十八世纪时男 16
性对女性存在的漠视。）

克雷夫科尔给自己的设问提供了堪称经典的答案：“他是一个美国人，抛弃了他所有的古老偏见和习俗，同时从他所诚心接纳的全新生活方式、所服从的新政府和所享有的新社会地位中，接受新的偏见和习俗。美国人就是那种依照新规则行事的新民族……“在这里，原先来自各国的人口逐步融合为一个全新的民族。”

第 位伟大的美国历史学家乔治·班克罗夫特迅速附议了克雷夫科尔的观点，他写道：

假使世界上任何一个主要国家在历史上的所作所为不复存在，我国的命运定然就此改写。在西班牙女王伊莎贝拉一世与哥伦布的推动下，意大利和西班牙联手发

> 现了美洲新大陆，为后续移民和通商奠定了基础；法国激发了美利坚的独立意识；若对我们的语言探源寻踪，则可追溯至印度；我们的宗教信仰来自巴勒斯坦；我们在教堂高唱的赞美诗，一些最早回荡在意大利上空，一些传颂于阿拉伯的沙漠，还有一些吟唱在幼发拉底河畔。我们的艺术来自希腊，法学遵循罗马，海商法引自俄罗斯，代议制政府效仿英国。尼德兰联省共和国在思
> 17 想领域教会我们有容乃大，在行动范畴则引导我们采取联邦制的诸多原则。据此而言，美国比其他任何国家更易于实现种族团结。

美国笃信一则理念，即 *E pluribus unum*[1]。针对多族群社会固有的脆弱性和“火药桶”特性，美国自有妙方：组织那些试图摒弃旧的忠诚而开启新生活、化解族群差异的人，自踏上新大陆之日起，便建立起一种融合甚至超越多族群差别、旨在丰富和重塑共有文化的全新民族认同。

要知道那些不畏艰险勇往直前的欧洲人，为了来到大洋彼岸不惜舍弃一切旧日羁绊。他们想要的就是忘记不堪回首的过去，拥抱充满希望的未来。于是，他们渴望通过避险、救赎、同化而成为真正的美国人。美国在他们看来恰恰处在转型期，尤其利于摒弃那些令人沮丧的记忆，在共同的政治理想和经验的基础上发展出与众不同的国家特性。总而言

1　拉丁文，合众为一。

之，美国的建国宗旨不是保全旧文化，而是成就全新的美利坚文化。

相较而言，加拿大人坦率地承认，尽管加拿大优势显著，但仍极易分裂，这背后的原因之一便是加拿大非常缺乏独特的民族认同。出于各种各样的原因，加拿大人被英国、法国和美国所吸引，加拿大官方强调采取多元文化主义政策，但该国民众从未对何为加拿大人有过清晰的认识。就像第一任总理约翰·麦克唐纳说的那样：“加拿大地域广大，然而有史不长。”

美国具备相当的历史积淀。自独立战争起，美国人便形 18
成强烈的民族认同感，它形成于独立战争，在1776年《独立宣言》和1787年宪法等事件中进一步巩固，且在随后的自治经历中日益深化。恰恰是民族信条的力量使我们把克雷夫科尔所谓的“混血”成功转变为一个富有凝聚力的民族，从而创造出一个多族群社会。

当然，这也不等于说美国全然符合克雷夫科尔的判断。一波又一波移民潮把大量外来人口带入这个从语言、理想到制度都很“英式”的国度，新移民由此开启了困难重重的融入进程。较长时间内，英裔美国人在美国文化和政治领域占据主导地位并排斥后续移民。事实上，前者同化来自爱尔兰、德国、南欧和东欧移民的过程相当曲折。

至于那些非白人，如红种人、黑种人、黄种人、棕色人种等，更确切地说，凡是被欧洲新移民蹂躏和屠杀的土著，或者被迫从非洲、亚洲来到美国的人，都曾因早期深刻的种族主义偏见而备受排斥。我们必须鼓足勇气直面一些不光彩的事实：历史上的美国曾经是个种族主义国家。美国白人起初对自己的种族优越性深信不疑，认为自己有权杀死红种人、奴役黑人、迫使黄种人和棕色人种充当苦力。我们美国白人在法律、制度、风俗、条件反射上甚至灵魂上都是坚定
19 的种族主义者。种族主义的祸端始终是美国试验的一大败笔、美利坚理想的尖锐矛盾所在以及美国社会生活的痼疾。赫尔曼·梅尔维尔写道："这就好比是全世界最美好的希望同人类最邪恶的罪行联系在一起。"

诚然，即便是遭受不公正待遇的非白人，也为美利坚民族认同的形成做出了巨大贡献。他们成为美国社会的一员，或许只处于第三等级，也潜移默化地为共有文化提供了新形式、新风格。非盎格鲁因素的植入和建立新世界的经验不断冲击着英国遗产，结局我们都知道，那就是今天的美国成为了一个与英国截然不同的国家。早在 1831 年，对美国民主做出最深入考察的阿列克西·德·托克维尔就被"英国人和他们在美国的后代之间的天壤之别"所震惊。

在美国两个世纪的历史中，民族融合的思想多数时候占据主导地位。但步入二十世纪，以上观念面临革新和反转。先是一场世界大战摧毁了旧秩序，伍德罗·威尔逊随之抛出"民族自决原则"。二十年后，又一次世界大战瓦解了西方殖民帝国，加剧了世界各地的族群矛盾和种族斗争。仅就美国而言，新的法律出台，放宽了对南美、亚非移民的入境限制，由是改变了美国人口的基本构成。

这种比克雷夫科尔所描述的更加吊诡的混血过程，使他曾经提出的经典问题再度受到关注，掀起新的热潮，并可能获得新的答案。时至今日，很多美国人否认当初建立“一个新民族”的历史目标，对自己原有族群的逃避被追根溯源取 20
代。被克雷夫科尔否认的“古老偏见和习俗”出人意料地卷土重来。对种族的狂热崇拜开始在非盎格鲁白人和非白人的少数族群中故态复萌，他们抨击同化目标、挑战“同一民族”的理念，几近偏执地保护、推进和维系单一族群和种族社区。

种族问题的爆发也带来了许多积极的影响。美国文化终于开始对盎格鲁统治的鼎盛时期内，那些次等的、被蔑视的少数族裔所取得的成就，给予怀有愧疚却姗姗来迟的承认。美国教育最终也选择承认欧洲中心之外的广阔天地的存在及其重要性。这些都是非常积极、正面的变化。我们至少据此可以帮助孩子们从多个角度认识本国历史，让他们尝试从哥伦布船队的派出方和被迫接纳方来看待这次新大陆探险。生活在一个不断收缩的星球上，渴望成为世界领导者，那么美国人必须更多地了解其他种族、其他文化以及其他大洲。当他们这样做时，他们对这个世界——以及他们自己——产生了一种更全面、更令人振奋的感知。

但是种族狂热一旦用力过猛则过犹不及，新的族群信条排斥“融合说”，反对不同族群的个体在互利共荣中形成一个新的整体。这种观点的潜台词就是美国不是一个由个体组成的国家，而是建立在多个群体之上，族群渊源是美国人宿

命般的经历，族群纽带是永恒的、难以磨灭的，彼此孤立且
21 以族群为单位的社区也成为美国社会的基本结构和美国历史
的基本内涵。

该观念的实质即根据族群和种族的标准来给美国人分类。但是，尽管从族群的视角解读美国历史恰如先前的经济角度一样，在一定程度上是有效的，甚至颇有启迪，但若立足于此把握总体图景，它便具有致命的误导性和荒谬性。此外，族群视角颠覆了美利坚作为一个统一民族的历史理论，迄今为止，这一理论成功地确保着美国社会的完整性。

新的视角下，美国不再是一个享有统一民族认同的改革进取型国家，反而成为多种民族认同的“庇护伞”；美国不再是由个人全凭自愿选择组成的国家，而是由那些具有根深蒂固族群特征的群体所构成的。多族群融合的信条开始背离历史初衷，转而用碎片化替代同化，用分离主义替代融合。换言之，它意味着贬低一而推崇众。

形成统一身份与认同的历史观念目前在我们的政治、志愿组织、教堂、语言文化等领域都显得岌岌可危。没有任何领域比我们的教育体系更加驳斥至高无上的民族认同观。

作为培养下一代的沃土——学校和大学，特别是公立学校，是完成同化和铸造美利坚认同基本的工具与途径。伍德罗·威尔逊称：“公立学校就是美利坚‘大熔炉’，在那里，
我们成长为美国人，不同人种、不同籍贯、不同阶层的人把
22 他们的孩子统统送到那里，或者说理应送到那里。在那里，
这些青少年统一接受美利坚精神的‘荡涤’，最终变成真正

的美国人。”孩子们在学校习得的理念影响他们今后看待和对待其他美国人的方式，影响他们今后拥抱共和理念的方式。有关课程设置的探讨本质上是对“作为美国人究竟意味着什么”这个问题的深度思考。

种族激进分子声称，公共教育的核心目标应该是捍卫、强化、弘扬和恪守种族来源及身份。分离主义则鼓励偏见、放大差异、挑起纷争。在多元文化主义和政治正确的叫嚣声中，在有关“欧洲中心主义”的课程设置缺乏公平的呼吁中，在对历史、文学等教学不应止步于人文学科而应进一步变成提升少数族裔自尊心的有效途径等主张中，族群和种族冲突悄然增加。

目睹族群冲突撕裂一个又一个国家，我们不能心安理得地接受“把美国依据族群和种族差异划分为多个固化社区，刻意引导它们珍视自己的孤立状态”的论调。试想如果情况委实如此，那么美国的世界中心地位还能保持下去吗？“大熔炉”是否就此会被“巴别塔”[1]取代？

我不想过分悲观。毕竟教育总是处在观点交锋和变革之中，这也是件好事。大中小学可以说是各类信仰、哲学理
念、价值观的长期碰撞之所。不过我相信，只要沉默的大多 23
数知识分子大声疾呼，挑战那些一时流行的虚妄之言，形势定会发生逆转。

---

1 Tower of Babel，《旧约》中，在巴比伦尼亚的示拿建造的高塔。巴比伦人想建造一座“塔顶通天”的高塔，上帝对他们的放肆感到不快，使建塔人突操不同的语言，塔因此终未建成。现常引申为“嘈杂混乱的地方”。

当前族群、种族问题对公立学校产生的压力的确令人不安，维系国家凝聚力的纽带已然相当脆弱。故而公共教育的目标应该立足于增强而非弱化此类纽带。如果分离主义倾向就此一发不可收拾，那么等待我们的只能是美国社会的彻底碎片化、种族隔离死灰复燃以及部落化大行其道。

我之所以能够持审慎乐观的态度，正是因为相信那种曾经塑造“一个民族”的历史性力量尚未消逝。对于大多数美国人来说，这仍是“共和”的真切内涵。据此，他们拒绝在“统一优先”和“族群优先”中做极端选择。马里奥·科莫州长指出：“多数美国人能够意识到保护和鼓励文化多样性的重要性，致力于借助多元文化主义视角促进美国统一并丰富作为美国人的民族认同，而非让其发展为撕裂国家的毁灭性派系冲突。”

无论代表各族群立场发声的政客们如何表态，大部分生长于斯的少数族裔，不管是白人还是非白人，在珍视族群传统的同时仍会首先把自己定位为“美国人”，而不是爱尔兰人、匈牙利人、犹太人、非洲人或亚洲人。最好的证明就是美国的跨族群、宗教甚至种族通婚率不降反升。由此可知，美利坚民族认同生机尚存。

当然，这不意味着唯有少数族裔需要对国家统一或分裂
24 负责。任何同化或融合过程事实上都是双向的：移民自身有意愿适应新社会，而本地人也乐于欢迎和接纳他们。恰如上文所言，种族主义堪称国之悲剧。近来美国白人终于开始正视我国历史上根深蒂固、不可理喻的种族主义倾向，但反种

族主义斗争仍旧长路漫漫、前途未卜。例如当老派美国人把其他国籍或种族的人视为异己，甚至眼中钉、肉中刺时，便也不该对一些少数族裔因反美主义和仇视心理团结一致感到讶异。毫无疑问，这种认同感是相互的，不仅仅是他们渴望获得接纳、寻求融合，我们也要有意愿去完成同化和融合。换言之，促成国家统一的重任更多地落在自鸣得意的主体族群身上，而不是那些本就身处困境、自顾不暇的少数族裔身上。

近年来，美国人口的构成显然比以往任何时候都更为多样。但恰恰是这种高度异质性使得对统一理想和共有文化的追求显得极为迫切。弗·斯科特·菲茨杰拉德称“美国是万千心之所向”，正是强烈的心灵共鸣赋予我们力量，去建立一个属于人民的公正、正义之地。

回想一下圣雄甘地的话，他当时面对的是一个族群、宗教、语言、阶级全面对立的国家，情况远甚于今天的美国，这句话曾经出现在印度各地的公共海报上：“我们应该杜绝成为排斥他者的印度教徒、穆斯林、锡克教徒、帕西人、基督教徒或犹太人，虽然捍卫各自信仰无可厚非，但我们自始至
终必须是印度人。”正因为印度背离了甘地当年的教诲，如 25
今才变得支离破碎、自吞苦果。

本着甘地的精神，尽管分属不同族群的美国人可以虔诚地信奉各自的传统和信条，但有一点必须铭记于心，我们是彼此的同胞骨肉，自始至终都是美国人。援引马丁·路德·金的话：“我们被命运牢牢捆绑在一起。”在这个因族

群、种族对立而严重分裂的世界里，美国继续充当“样板”，诠释一个高度分化的社会如何有机团结在一起具有非同寻常的进步意义。

小阿瑟·M. 施莱辛格

美国的分裂

一　“一个新的民族”？ 29

最初，美国被视为一个与旧日之“根”彻底切割、从令人窒息的过去中挣脱出来并开启新生活的国家，一个把不同族群交织融合在一起的国家。托马斯·潘恩曾为革命一代喊出了“我们有力量让世界焕发新生”。“切莫回首过去”成为该国不成文的国家格言。赫尔曼·梅尔维尔亦写道：“过去已经死亡，且没有复活的可能……如果说过去是一本暴政的教科书，那么未来就是自由的《圣经》。”

（一）

这个未来就是美利坚，梅尔维尔说道：“与其说它是个国 30
家，还不如说它是整个世界。”“你不可能在不伤害世界的前提下加害于一个美国人。在这个西半球上，所有部族及民众正在形成一个联邦整体。”拉尔夫·沃尔多·爱默生与克雷夫科尔及梅尔维尔的观点不谋而合，认为“美国恰恰是这个多元星球的凝缩”。就像柯林斯神殿中融化并混合金银来煅烧黄铜一样，“新的合成物价值非凡”，爱默生由是感叹道：“在美国这个各族共同的避难所，爱尔兰人、德国人、瑞典人、波兰人、哥萨克人以及生活在欧洲殖民部落的非洲人、波利尼西亚人，他们的能量汇聚成一个新的民族，就像从黑暗时代的熔炉中诞生的新欧洲一样生机勃勃。”

梅尔维尔是小说家，爱默生是散文家，他们都是诗人。相较而言，乔治·华盛顿无疑是坚定的务实者。但他对“新民族”的热切信奉一点不亚于前面两位。华盛顿指出，“美利坚的怀抱向所有被压制和迫害的民族和宗教敞开”，但他同时也劝告这些进入美国的新移民，“不要紧守自己固有的语言、习俗和价值观（好的或坏的）不放”。由此引导他们不要以小帮派的形式而是以独立的个体进入美国，准备好“与我们的人民充分融合”，然后他们将“被我们的风俗习惯、法律纲常所同化，一言以蔽之，用最快的速度变成一个民族”。

31 另外一位务实者约翰·昆西·亚当斯同样坚信“新美国认同”的独特性。当一位正在考虑移民的德国男爵采访时任国务卿亚当斯时，亚当斯告诫他的来访者，移民务必孤注一掷：“他们必须彻底抛开欧洲人的浅表，永不复用。他们必须一往无前，而非贪恋过往。”

但克雷夫科尔所谓的“混杂繁衍”是如何转变成“新民

族”的？爱默生笔下的“熔炉”是如何将如此不同的元素融合成华盛顿所指的“一个民族”？这个问题也困扰着比克雷夫科尔晚七十五年踏上美洲大陆的另一位法国年轻人——托克维尔。他给法国方面写信时谈道：“如果可以的话，我亲爱的朋友，请你试想一下一个由世界各族组成的社会，人们使用不同语言、怀揣不同信仰和观念，一言以蔽之，这是一个‘无根’的社会，没有记忆、没有偏见、没有成规、没有常识、没有国家特性，但比我们生活的地方要快活百倍。”究竟是什么点金术让混杂体变成一个社会整体呢？

托克维尔总结道，答案就藏在美国人对民主和自治政府的认可之中。他在《论美国的民主》中谈道：公民参与是伟大的引导者和统一者。

> 是什么成就了美国这样一个国家，居民均移居此地
> 不久，既无风俗又无传统沿革，缺乏熟人机制，简言 32
> 之，人们很难产生对这个国家的天然热爱；又是什么让生活在这里的人们对所属城镇事务满怀热忱，心忧祖国，就像关心自己的事务一样？那是因为每个人在他们的生活范畴内都积极参与到社会治理中来。

托克维尔称，移民在行使《独立宣言》与宪法赋予他们的政治权利和公民责任的过程中成为了真正的美国人。

从法律意义上讲，他们成为美国人，还因为公民身份，

至少对美国白人而言，公民身份的定义不是欧洲式的 *jus sanguinis*[1]，而是适用 *jus soli*[2]。想当美国公民，新的移居者只需宣誓支持、捍卫美国宪法和法律即可。用亚伯拉罕·林肯的话讲，“宣誓效忠的人们，即便他们不是那些为赢得独立抛头颅洒热血的勇士的后代，但一定是《独立宣言》起草者们或远或近的血脉骨肉”。在新共和国，公民义务取代了血统，成为公民资格的考验。

托克维尔所处时代过去半个世纪后，又一位考察美国民主的外国评论家詹姆斯·布赖斯写出了著作《美利坚联邦》。该时期移民的数量和多样性都大幅度增加。布赖斯的
33 欧洲友人们原本预期美国会花更长时间同化这些“异质因子”。恰恰相反，曾经令托克维尔瞠目结舌的现象，同样也使布赖斯感到震惊：“美国的制度、习俗和观念对各种族新来者发挥了惊人的溶解力，迅速吸收和同化了涌入其内的异物。”

比托克维尔晚一个世纪出现的另一位瑞典来访者——贡纳尔·默达尔发现了这股“溶解力量”的精髓，他称之为“美国信条”。默达尔 1944 年写道，美国人，“无论民族来源、宗教信仰、伦理纲常或肤色”，普遍认可一项广泛见诸西方国家的理想体系：所有人享有基本尊严和平等，且追求自由、正义和发展机遇的权利不可剥夺。

默达尔发现，学校通过教育传授该信念的种种准则，教

1　拉丁文，血统主义。
2　拉丁文，属地主义。

会以此教化信众，法院据此作为判决的准绳。默达尔同时指出为什么该信念即便对那些遭到大多数白人残暴排斥的人群同样意味着希望，因为它永远能够驱动美国白人践行他们对外宣称的原则，且为那些蒙受冤屈的人提供法律武器，从而使他们享有争取自身权利的手段。“美国，”默达尔说，“一直在为其灵魂不懈奋斗！”

（二）

“美国信条”有它的先例，这些先例主要来自一个半世纪
的殖民经历所改变的英国传统。那么“新民族”究竟新在何 34
处呢？克雷夫科尔认为这是一种将欧洲元素与爱默生所谓的“融合了哥萨克人、非洲人、波利尼西亚人的大熔炉”平等混合的方式。事实上，十三个殖民地的大部分人口及其文化传承均来自英国。

在北美打败法国、西班牙、荷兰等对手后，英国自然而然地把自己树立为新大陆的样板，这个新生殖民地的语言、法律、制度、政治观念、文学、习俗、认知和宗教信仰统统效仿英国。克雷夫科尔写书时就没有使用其母语法语，而是用了后来习得的英语。梅尔维尔据此认为“巴别塔的诅咒在美国烟消云散，美国人的语言就应该是英国人正在使用的语言”。

这样一来，“大熔炉”毫无疑问且不可避免地变成“盎格

鲁”风味。无论好坏，两个世纪以来盎格鲁-撒克逊白人新教传统始终在美国社会文化中占据主导，直到今天在关键领域依然如此。该传统为形形色色的外族移民设立了需要遵守的标准以及相应的同化框架。

但随着十九世纪的发展，美国的非盎格鲁移民增长速度越来越快。原先，欧洲农民或许从来不敢到距离自己出生地二十英里以外的地方，但现在他们开始了一段难以想象的冒险旅程，穿越危机四伏的大洋前往一个陌生的地方寻求新生活。这片土地确实很荒凉，他们感到极端需要保障和安全
35 感。所以一开始他们倾向于与自己的同胞抱团取暖，依赖他们带来的语言、学校、教堂等资源。这些族群聚居区于是成为新来者正式面对更宏大、更危险的美国生活之前，进行重新组合和接受基本训练的中转站。

这些移民主要来自西欧和北欧。英裔美国人常常不喜欢这些新来者，蔑视他们的粗鲁举止，连带害怕他们的异教和风俗习惯。他们认为德国人和斯堪的纳维亚人固守原有的语言和习俗，并据此搞小团体。德国人对啤酒花园和“欢乐星期日”的喜爱激起了清教徒的反对。爱尔兰人被贴上狡猾和酗酒的标签。此外，他们是教皇至上论者，追随罗马教廷。据说这意味着他们永远不可能成为忠诚的美国人。于是，这些移民在就业方面遭受严重歧视，且为上流社会所不齿。著名的黑人学者杜波依斯证实，他在马萨诸塞州大巴灵顿长大，恰好是一八七〇年代，“那会儿种族主义的触角显然直指爱尔兰，而非像我一样的黑人”。

随着移民数量增长，老一辈人的怨恨不断蓄积。到一八五〇年代，美国的移民数量大概占到纽约人口的一半，且超过了芝加哥本地人口的总和。诸如名为“星条旗社”的秘密社团及其政治阵线美国人党等本土主义组织大量涌现，要求延长新移居者入籍进程，并且限制外来人口的政治权利。他们的抗议举措被称为“一无所知运动”，因为当该组织的成员们被问到所属组织的誓言和惯例时，都一概回答“我一无所知”。

1856 年，“一无所知人”甚至将前任总统米勒德·菲尔莫 36
尔推举为他们的总统候选人。亚伯拉罕·林肯从中观察到，“我们似乎正处在加速堕落中，作为一个国家，开始时，我们坚信‘人人生而平等’。而事实上，现在看来该说法变为‘除黑人之外人人平等’。”一旦“一无所知人”掌权，此番言论还会继续退化成“所有人都是平等的，除了黑人、外国人和天主教徒”。

不过“一无所知”党的衰落与兴起一样迅速。随后的一个半世纪中，尽管周期性排外时有发生，却再无本土主义政党出现并取而代之。然而，心怀偏见的盎格鲁-撒克逊白人不断发难，尽管他们在原则上耻于同本土主义为伍。同样重要的是，美国当时人口稀少，但经济规模持续扩大，需要源源不断涌入新的劳动力。移民恰在此时缓解了美国的劳动力短缺状况。经济需求由此压倒了道德和审美的反感。

内战前进入美国的移民逐步变成了美国人。用伟大的历史学家弗雷德里克·杰克逊·特纳的话说，“边疆”促进了复合国籍的形成……在边疆框定的“熔炉”中，各地移民被美国化，获得解放，并融入一个既不以英国为国籍亦不具备任何英式特点的混合民族。“在城市的熔炉中，同化进展同样迅速。即使是‘爱尔兰移民的儿子’，”布赖斯在1888年写道，“即便他继承了祖辈的‘恐英症’——虽然他们很少如此，但出于其他各种原因，他仍然是美国公民。”

37 （三）

内战结束后，来自南欧和东欧的所谓“新”移民进入美国。从李将军在阿波马托克斯投降到美国卷入第一次世界大战的半个世纪中，至少两千七百万人来到这里，数量超过1850年全国人口总和。新移民——意大利人、波兰人、匈牙利人、捷克人、斯洛伐克人、俄罗斯人、犹太人——主要在城市定居，他们的异域习俗、服饰、语言和宗教引发了新的疑虑。

然而，布赖斯所谓“惊人的溶解力”中蕴含的古老信念延续至今，不断回应华盛顿有关美国人要成为“一个民族”的构想。于是，无论遭受多少社会偏见，新来者都没有被剥夺公民参与的权利，与此同时，公民参与向他们灌输了各种“美国信条”的基本原则。他们确实改变了这个国家的族裔构成，但也在此过程中保留了“成为美国人”的昔日雄心。

1904年，挑剔的亨利·詹姆斯在国外游历多年后重归故里，最初他反感于埃利斯岛[1]外来人口的喧嚣。但他很快就对“我们民族源源不断的‘纳新’进程、我们国家颇具规模的‘大杂烩’[2]模式，以及将新鲜的异国元素引入我们的混杂系统”表示理解和欣赏。虽然他有时很想知道移民能为美国人“在族群、容貌、语言、个性层面”做些什么，有时认为“族群幽灵”令人扫兴。不过他对能够如此有效地将移民的孩子转变为美国人的巨大“流水线”印象极为深刻。无论政 38
治、社会习惯、学校、报纸，所有这些都如此可靠地塑造了詹姆斯所谓的“族群融合”。当谈到美国的“坩埚”特质时，他的语气满含敬畏。

新民族、一个民族、熔炉、大杂烩、坩埚——在詹姆斯重归美国几年后，最初的信仰获得了一系列著名的比喻。1908年，俄裔犹太血统的英国作家伊斯雷尔·赞格威尔在华盛顿推出一部新剧《熔炉》，讲述了一位年轻的俄裔犹太剧作家在纽约的故事。大卫·奎克萨诺的艺术抱负是创作一曲交响乐，来诠释美国出现的规模庞大且和谐的种族融合之图景。与此同时，他的个人愿望是克服种族羁绊，与信仰基督教的美丽女孩薇拉结为夫妇。大卫大声疾呼：“美国，是上帝的坩埚，是欧洲各族实现融合与再造的大熔炉。在这里，你

1 Ellis Island，美国纽约东南部上纽约湾的一个岛。1892年联邦政府在埃利斯岛设立入境检查处，从1892年至1954年的62年间，经埃利斯岛进入美国的移民人数高达1 200万，埃利斯岛从此成为美国移民的标志性地标。

2 *pot-au-feu*，蔬菜牛肉浓汤。法国的家庭菜肴，把牛肉块、胡萝卜和圆白菜等加盐炖成，此处可引申为“大杂烩”。

身处五十个不同群体之中，伴随着你的是五十种语言……以及你的血腥仇恨……你的敌对和仇恨是多么没有价值啊！德国人和法国人，爱尔兰人和英国人，犹太人和俄罗斯人——将与你们一道进入坩埚！上帝正在创造美国人。”

高潮场面发生在曼哈顿下城一处居民点的屋顶花园。在夕阳的映衬下，自由女神像闪闪发光。这位作曲家和爱人薇拉一起，对眼前的城市做着手势：

> 它就静卧于此——伟大的熔炉。听！你难道听不到它发出的沸腾之声？啊！多么激动人心啊！你能看到凯
> 39 尔特人和拉丁裔，斯拉夫人和条顿人，希腊人和叙利亚人——黑种人与黄种人——

> 薇拉（温柔地依偎在他身边）：犹太人和非犹太人——

> 大卫：是的，东方与西方，北方与南方，棕榈与松树，极地与赤道，新月与十字架，在这里它们将走向统一，共同建立人的共和国与上帝的王国。啊！薇拉，与各民族和种族的人们涌入此地劳作生息、展望未来所散发出的美利坚荣光相比，被教徒争相膜拜与回首的罗马、耶路撒冷的荣光又能算什么呢？（遥远的背后，自由女神像的火炬，像一颗孤独的指路明星，在黑暗的水面上闪烁。下面传来吹奏《我的国家属于你》的悠扬的乐器声，大幕缓缓落下。）

当演出在华盛顿落下帷幕，剧作家走上舞台时，西奥多·罗斯福总统从他的包厢内喊道：“这是一部伟大的戏，赞格威尔先生，这部戏太伟大了！”总统后来告诉剧作家的妻子：“赞格威尔太太，我不是萧伯纳或易卜生的粉丝。但这部戏就是我想看到的！”赞格威尔随后将剧本献给了罗斯福总统。《熔炉》在全国各地展演，获得了观众们的高度关注。芝加哥赫尔之家[1]的简·亚当斯表示：“赞格威尔通过提醒我们共和国的缔造者们的殷切期望，而为美国做出了卓越贡献。”

（四） 40

然而，尽管观众们对《熔炉》交口称赞，赞格威尔的比喻也不乏质疑之声。威廉·迪安·豪威尔斯所著《新财富的危害》当中，主人公巴兹尔·马奇的足迹遍布这些伟大的城市，随即便发现所谓的“融合”实际上并不完全。各少数族裔正形成自己的聚居区，并在其中以本族熟悉的方式生活——这种方式既不像他们在故土上一般，也同盎格鲁中心主义的美利坚方式不甚相似，于是催生了小意大利、唐人街、约克维尔、哈莱姆区等产物。

白人盎格鲁-撒克逊新教文化意味着进入美国的门槛较高。不过当相关准入有所松动、障碍去除时，当新移民通过

1 Hull House，美国芝加哥市的社会福利机构，由简·亚当斯和埃伦·盖茨·斯塔尔于1889年共同创立，向新来的欧洲移民开放。

金钱和名望被美国社会接纳时，就会出现通婚的可能性。赞格威尔的戏上演了信仰不同、种族各异的人通婚，他本人也成功娶了一位基督徒，这一切都指明了大熔炉的最终发展路径：原先不同的族群身份彻底淹没在新美利坚民族之中。

此结局是众望所归吗？很多移民对此深信不疑。二十世纪初，大多数移民的子女确实这样想。但是，各族群的代言人很快开始站出来，他们真正关注的是独特的族群价值，以及如何保护难以被人们感知却真实存在的少数族裔选区所具有的既得利益。犹太评论家批评赞格威尔称："兄弟，对于你我来讲最糟糕的只有一事，即被丢进大熔炉里熔化掉。"甚至一些盎格鲁-
41 撒克逊后裔也认为，为了追求平淡乏味的盎格鲁中心主义的一致性而拔除了异彩纷呈的异域根基，实在是可悲可叹。

一种印象在不断滋生，即熔炉是把盎格鲁中心主义的图景与价值观强加于不幸的移民身上的装置，这种印象随着"美国化"运动的兴起而得到强化，该运动的目标是应对进入美国的多语种移民。美国化运动的初衷是良善的，该运动试图通过向移民提供语言、公民身份和美国历史方面的特殊教育来加快同化。1914 年战争的爆发给美国化提供了一个更具强制性的优势。即使是像西奥多 · 罗斯福和伍德罗 · 威尔逊这样对移民友好的总统也担心，危机中这些"带连字符的美国人"[1] 对这

---

1 hyphenated Americans，在美国，当描述一个人的族群属性时，常会使用连字符将个人祖籍与 American 连接起来。hyphenated 一词，意为属于或带有混合背景的个人或集体，hyphenated Americans 有时候也会被直译为"美国的少数族裔"。

片接纳自己的土地不像对他们的母国那般忠诚。

一艘德国潜艇击沉“卢西塔尼亚号”三天后，威尔逊在费城向最近入籍的公民发表讲话。他说：“如果你把自己想成生活在一个群体里，那你就不算彻底的美国人，美国不是由群体组成的。一个自认为属于国内某特定群体的人尚未成为美国人。”

两年后，西奥多·罗斯福说，我们这个国度没有所谓“一半对一半”的忠诚。无论这个人是否美国人都是如此。他谴责那些从其他国家立场出发观察世界的美国人。“我们美国人是坩埚煅烧的产物，”罗斯福说，“如若不把投入其中的异类浇筑成一个‘民族模具’，这个坩埚就等于失效了。”

（五） 42

“一个民族模具”？并非所有人都认可这个说法。1915年，犹太裔美国学者霍勒斯·卡伦在《民族》周刊上发表题为《民主与熔炉》的文章。卡伦辩称：“熔炉，无论从事实还是理想出发，都是无效的。”相反，令他为之动容的是族群的坚韧及其别具一格的传统。与自由选择效忠对象不同，卡伦认为族群纽带既天然存在又不可改变。“一个人或多或少可能调整自己的服饰、转变政治立场、另择配偶、改信其他宗教、变换处事原则，但他们没办法更换自己的祖先。犹太人、波兰人、盎格鲁-撒克逊人，为了不再继续做犹太人、波兰人、盎格鲁-撒克逊人，他们必须改头换面、再世为人。”

卡伦观察到：族群多样性丰富了美利坚文化。除了在政治和行政管理意义上，他倾向于不把美利坚民族视为“一个民族”，而是作为“一个具有多民族文化的邦联或联邦；一个多民族聚合而成的民主国家，人们在共同的制度下秉承自愿、自主精神进行合作；统一的多样性，人类的交响曲”。他由此开始把此概念称作“文化多元主义”。

卡伦并不清楚“如何在不削弱单一社会原初理想的前提下鼓励族群分离主义”。一种批评的声音警告说：文化多元主义可能会导致美国的“巴尔干化”。毕竟卡伦攻击以盎格
43 鲁为中心的同化进程时，恰恰也是“熔炉”的批评者们可以合理地假设国家总体框架保持统一的时期。换言之，他认为政治上的团结一致毋庸置疑，于是把关注重点放在保护文化多样性上。

文化多元主义最初不过是少数人的福音，追捧者仅限于一些学者、知识分子和艺术家。然而，美国广大民众在战后开始对欧洲不抱幻想，主要针对外来人口的“红色恐怖”爆发，反天主教徒的三 K 党崛起，在相关抗议运动促使下，旨在稳定美国族群构成并限制移民的《1924 年移民法》出台。新法律根据 1890 年人口的国籍确定了配额，从而大大减少了南欧和东欧移民的流入。

与一九二〇年代的排外民族主义相继出现的是一九三〇年代的经济危机，尽管某种程度上不乏分裂，却增强了美国人民同舟共济之感。大萧条和第二次世界大战表明，在共同

的国家理想框架内迫切需要民族凝聚力。1943 年，富兰克林 · 德 · 罗斯福说：“这个国家从建立到管辖的根本原则即坚持美利坚主义的认知和情感。美利坚主义不是，也绝不会是一个种族和血统问题。忠于这个国家及其自由、民主信条的人，才能称之为好的美国人。”

（六） 44

1944 年，默达尔毫不犹豫地宣称“美国信条”为所有美国人所共享，尽管他的巨著《美国困境》对最明显的背叛这一信条的现象进行了权威分析：美国白人对美国黑人的不公正待遇。

高尚的理想看似宣称适用于所有美国人，但在实践中只惠及白人。克雷夫科尔对国家认同的大多数解释仅为白人服务。即使是文化多元主义的拥护者霍勒斯 · 卡伦也没有在他提出的“所有民族间的民主”中为黑色、红色、黄色、棕色人种的美国人筹谋。

托克维尔是个例外，只有他把有色人种作为变量之一纳入美国总体之中。他一贯先知先觉地指出，种族主义是美国民主中难以修正的谬误。“这个世界上最贪婪的国家”注定了红种人的灭绝，且把黑人当作“所有疾病中最恐怖的一种，足以威胁合众国的未来”。对此态度更为乐观的爱默生和赞格威尔主张把非白人抛入他们的熔炉，但托克维尔认为种族排斥现象在美国的国民性中根深蒂固。

历史佐证了该判断。白人殖民者将印第安人全面逼退，杀害他们的勇士，占领他们的家园，隔绝他们的部落。此
45 外，还将非洲黑人带到美国的种植园做苦工，引进华人劳工修造铁路。他们口中说着冠冕堂皇的自由，却不允许有色人种同时享有。他们的宪法保护奴隶制，他们的法律把人依据种族分成三六九等区分对待。虽然他们最终解放了奴隶，但他们图谋将获得解放的奴隶贬为三等公民。他们的《排华法案》最终导致《1924 年移民法》全面禁止亚洲移民。这些年来，几乎没有美国白人认为有色人种同样有权享有宪法所承诺的权利和自由。

然而，布赖斯所谓的“美国制度和理念的惊人的溶解力”仍然保留了它的能量，即使是对那些饱受摧残和惨遭排除的人而言依然如此。默达尔对非裔美国人的调查显示了受访者“坚持美国信条”的“决心”。默达尔的合作者之一拉尔夫 · 邦奇观察到，街上的每个人——黑人、红种人、黄种人以及白人——都把美国视为“自由之地”和“自由的摇篮”。默达尔由此推断，相较于白人，“美国信条”对黑人来说意涵更为深远，因为这是他们声讨其未实现权利的重要手段。默达尔还认为，黑人、新移民、犹太人和其他弱势群体“不可能发明一种更符合他们利益的政治理想体系”。

第二次世界大战给“美国信条”注入了新内涵，希特勒的种族主义迫使美国人重新审视自己对种族问题的假设。美国人如何做到一面在海外同希特勒所谓的“优等民族原则”

作战，一面却在国内继续固守白人至上主义？如何做到与中国结成盟友的同时继续禁止中国移民成为美国公民？如果战 46
争没有终结美国的种族主义，那么至少它会把很多种族偏见转入暗处。对种族问题的重新思考挑战了大多数人的良知，也提高了少数群体的自我意识。

在“美国信条”的鼓舞下，黑人开始组织起来，寻求就业权利平等、抵制军队中的隔离，并在多条战线上以自己的部队作战。战后，迟到多时的民权运动蓬勃兴起，促使黑人自力更生，并加速了白人殖民主义在世界范围内的瓦解以及黑人国家的独立。

全美上下的少数人群体都在宣告他们的骄傲和权利诉求。作为少数群体之一的妇女，在美国占据了数量上的多数，要求实现政治、经济平权。犹太人从大屠杀以及随后的以色列建国中获得了新的团结力量。移民法的改革大大增加了西班牙裔和亚裔移民的数量，效仿通行做法，他们也声称自己同其他少数群体一样享有特殊权利。自被白人占用之日起，美洲印第安人便不断动员起来声讨自己的权利和土地，他们的发言人甚至拒绝了印第安人这个充满自豪感的历史称谓，并将自己更名为美洲原住民。

来自南欧和东欧的“新移民”，诸如意大利人、希腊人、波兰人、捷克人、斯洛伐克人、匈牙利人，现在已经成为老居民，民权运动引发了他们新的族群认同宣言。迈克尔·诺瓦克是早期研究多元文化主义颇有影响力的理论家，著有 47
《无法融合的族群的兴起》，声称要为那些被“熔炉论”伤害的白人中的少数族群代言。诺瓦克说："在美国成长的过程伴随着对我价值观的打击。"为了增强自尊，他肯定了身份政治的必要性。诺瓦克反对美国作为"个人国家"的观念，盛赞他所谓的"新的族群政治"，他断言："各族群可以自行构建美国生活的规则、目标和程序。"

汉森定律中提到的"第三代效应"强化了"寻根"的热情，该定律以移民史上的伟大先驱马库斯·李·汉森命名，指出"儿子希望忘记的，正是孙子想要记住的"这一规律。由于美国对国家前景的乐观情绪逐渐减弱，"第三代效应"得到了有力强化。两个世纪以来，美国人一直相信孩子们的生活会比他们更好。透过充满活力的年轻人，美国人蔑视过去。正如约翰·昆西·亚当斯所阐述的那样，他们乐于展望子孙们的未来，而不是回首他们的先辈。但在国家衰落的预兆中，美国人越来越少向前看，越来越多地沉湎于往日时光。甚嚣尘上的种族狂热是对美国未来信心减弱的一种表现。

（七）

"族群"一词历史悠久。它最初的意思是"未开化的人"或"异教徒"，但很快便与种族或民族有关的任何事情联系
48 起来。在这个意义上，每一个人，甚至是所有叫洛厄尔或卡伯特的人都可以各成一族。然而，当亨利·詹姆斯在《美国

景象》中使用这个词时，“族群”已经与外国人联系起来了。自一九六〇年代开始应用以来，它特指非盎格鲁少数族裔——回归了其令人难以接受的初始含义。

1940年，其名词形式“族群性”（ethnicity）在威·劳埃德·沃纳的“扬基城”系列丛书中首次亮相。从其进入社会学研究视野之日起，“族群性”一词便异常活跃在大众话语的舞台中心。美国独立二百周年纪念，自由女神落成一百周年纪念，埃利斯岛的重新开放——所有这一切都从纪念“熔炉论”转变为歌颂族群特性。

新种族狂热的压力很少来自少数族裔中的普通民众，很多时候都是由一些自恃为群体代言的人鼓动的。大多数族群，无论白人或非白人，都倾向于自视为美国人。默达尔在族群间仇恨高涨的时期指出：“对历史认同的渴望，在任何意义上都不是人民运动的诉求，而恰恰是由一些知名的知识分子、教授、作家提出的，我总结起来，他们大多是第三代移民。”默达尔认为，他们当中，很少有人花工夫同自己的族人交流。默达尔用一种肯定且蔑视的态度称这种运动只是“上层知识分子的浪漫主义”。

然而，意识形态理论家只要有足够的宣传和时间，就足以吸引观众。在现有族群认同中获得既得利益的发言人否定了同化理想。据此，“熔炉”通过瓦解人们的自尊而加害于人，它否定了源自一个族群祖先中的英雄——“楷模”。于 49
是，现在，诺瓦克的“无法融合的族群”受到众人追捧。

1974年，在一些族群发言人谴责“大熔炉是美国的同化阴谋”之后，国会通过了《族群遗产研究计划法》，这是一项将族群意识形态适用于所有美国人的法令，损害了美国人决定自己族群身份的历史性权利。该法案忽视了数百万美国人，或曰美国民众主体，他们拒绝任何特定的族群认同。

族群运动高潮（它很难被称为复兴，因为它是史无前例的）以抗议盎格鲁中心主义文化的姿态兴起，后演化为极端狂热，如今它有可能沦为一种反动力量，彻底站在“美利坚是‘一个民族’、一种共有文化、一个国家”这一原初理论的对立面。

二　历史作为武器 51

修史是一项古老且荣耀的职业，有着独特的标准与目的。历史学家的目标是在重现往事的过程中力争做到准确、抽丝剥茧与客观公正。不过历史不仅仅是一门供奉于大雅之堂的学科，它在国家走向未来的过程中扮演着独特的角色。

历史之于国家就像回忆之于个人。一个人被剥夺了记忆，会感到无助和迷失，全然忘记他去过哪里或即将前往何处。以此类推，当一个国家否定了自己的历史时，它将无法
应对自己的当下和未来。作为界定国家认同的重要方式，历 52
史由此变成了塑造历史的一种方法。于是，修史亦从一番冥想变为一种武器。“谁控制过去，就控制未来，”乔治·奥威尔在著作《1984》中提到的党派宣言如是说，“谁控制现在，就控制过去。”

（一）

历史学家竭尽全力捍卫他们的行规。他们说，天知道当我们辜负了自己的理想时是多么沮丧，我们的解释被无意识的先入为主所包围和歪曲时会感到多么难过，痴迷于种族和民族又是怎样使我们对自己的偏见视而不见的。我们仍然是这个时代的产物，为我们的个人经历所困，像所有带着原罪的凡人一样，在党派、偏见、教条、恐惧和希望中摇摆不定。

在一片黑暗的过去，我们目光所聚焦的地方实际上是由我们目前的关切决定的。也就是说，当我们对所处时代和生活产生了新的关注点时，给予历史的聚光灯亦会随之变化，使得那些切实存在的却被早期的历史学家随意从集体记忆中删除的故事昭然显露。从这个意义上讲，可以说人们通过当下“再造”历史。

历史学家必须始终向着客观这一理想状态无限逼近，尽管遥不可及。但是，当我们急于回应当前的紧迫感时，将过去用于非历史目的的情况时有发生，比如利用或影射过去，从而发觉那些适合我们所处社会或意识形态的部分。如此被
53 操纵的历史更大程度上变成为社会凝聚力和政治目的服务的工具，而不是一种无私的知识追求。

人们靠历史学家创造的神话生活。有些人可能会争辩

说，如果修饰美化历史是为更高的利益服务，例如民族的培育或种族的提升，那么事实就可以被合理地修饰。持续讲一种积极有益的故事似乎比捍卫历史的纯洁性更重要——特别是当纯粹的历史根本是子虚乌有的时候。这可能正是柏拉图在《理想国》中提出“高尚的谎言”一说时脑海中所浮现的内容。

不过这样一来，狂热分子们很可能会将“高尚的谎言”与现实混为一谈。民族主义对历史的侵蚀是有启发意义的。两个世纪以来，民族主义仍然是世界上最重要的政治思潮——远比法西斯主义甚至民主等社会意识形态更为重要。但它不是自发生成的。正如欧内斯特·盖尔纳所说：“民族主义不是民族意识的自然觉醒，它甚至有能力创造出本不存在的新民族。”民族主义是知识分子为了迎合有政治抱负的精英而发展出来的，然后再向受众大肆宣传。它之所以能继续蓬勃发展，是因为利用了历史和地域的强烈情感，在这个越来越令人感到迷失和困惑的世界赋予个体生命以意义。

今天，民族主义的狂热蔓延全球。在西方感染了爱尔兰和以色列，分裂了比利时、塞浦路斯和加拿大，引起布列塔尼、科西嘉和巴斯克地区的骚动。民族主义首先分裂了苏维埃帝国，后使苏联本身走向解体。在第三世界，民族主义推翻了西方殖民主义，催生了一大批新国家，无论是泱泱大国还是蕞尔小国，在重演历史争吵时常常互相厮杀。 54

在民族国家内部，民族主义以族群性或部落主义的形式出现。在第三世界，一个又一个国家的族群为权力而战，甚至在更绝望的情况下，为生存而斗争。据此可知，美国的族群运动高潮并非独一无二，而是与全球的民族主义高烧态势相互呼应。

（二）

任何民族或群体在自我塑造过程中都免不了要援引和回溯历史。否则一个民族又能通过什么来建立起个性的合法性、传统的连续性或是过程的正当性呢?

历史经常被用来为统治阶级辩护。英国著名历史学家约·哈·普拉姆写道：“历史一直扮演着威权的侍者。”这是主流历史话语，旨在展示现有的权力安排是多么高尚、有道德和理所应当。因为它能够证明获得和捍卫权力的现状与方法是令人信服的，故而可被称为“辩解性历史”。

其他时候，历史还被用来替权力的受害者辩护，为那些拒绝接受现状的人伸张正义。以赛亚·柏林曾描述过十九世纪早期“被羞辱和战败的德国人”如何反击傲慢的法国人：

> 德国人不断挖掘自己比对手更为优越的品质。他们
> 55 将自己深刻的、内在的精神生活、自己的宽和谦卑与对
> 真正的价值——简单、尊贵、崇高的无私追求，同财大
> 气粗、造作世故、居功自傲、肤浅圆滑、冷漠无情、道
> 德空虚的法国人进行对比。在举国上下抗击拿破仑的过

> 程中，这种情绪极尽狂热。不过这确实是许多身处落后、被剥削或屈辱之中的社会做出的典型反应。这种社会对其地位低劣感到不满，不得不通过引证自己历史上真实存在、甚至想象中的胜利与荣耀，或其民族、文化特征里那些引以为傲的特性来回应现状。因此对境况不佳的民族而言，真实的或想象中的丰富历史或许某种程度上预示着一个更加光明的未来。

以上就是所谓的失败者的历史，写作初衷就是为了通过创造或夸大历史上的辉煌事迹与雄心壮志，从而充分展示伯特兰·罗素所谓的“被压迫者的高尚美德”。或者，我们也可以称之为“补偿性历史”。

无论“辩解性历史”还是“补偿性历史”，共性都在于利用历史来塑造未来。苏联在人类历史上存在了整整七十年，其学界尝试利用“辩解性历史”孜孜不倦地捍卫着党的路线的每一回转折。直到戈尔巴乔夫上台提出“开放政策”，及时地解放了历史学家。

俄罗斯历史学界有史以来第一次可以自由地真实还原历史，重新评价布哈林甚至列夫·托洛茨基，批评1939年签订
的《苏德互不侵犯条约》。 在莫斯科大学担任讲师四个月 56
后，来自哥伦比亚大学的学者埃里克·方纳提出：“一个崭新的未来需要一部新的历史来支撑。”“为了使这些影响广泛的巨变具有合法性，媒体和政府部门现在倾向于把那段苏联历史描述为暗无天日的岁月。”如果说迎合党派立场的历史是

独裁的工具，那么基于史实的讨论则是民主的工具。

日本政府致力于借助“辩解性历史”拒绝为自己半个世纪前的侵略与暴行买单。他们的教科书一贯把日本征服朝鲜和侵略中国美化为“激起了首尔和北京方面的官方抗议”。日本青年一代被教导将自己的国家视为战争中的受害者而不是太平洋战争的发起国。

当著名历史学家家永三郎教授尝试像其在著作《太平洋战争》英文版序言中所写的那样，“把赤裸裸的历史展现在日本民众面前”时，他遭到来自政府的指控。日本最高法院支持文部省对家永三郎在书中如实还原1937年南京大屠杀的部分进行审查。正如家永三郎先生所观察到的：日本年轻人越少被告知战争的真实历史，那么未来陷入“同样险境”的风险就越大。

到一九六〇年代，德国历史学家开始把承认希特勒的罪行当作德国的一项特殊责任，并且将纳粹主义的历史追溯至
57 十九世纪的德国历史与文化。不过一九八〇年代，德国民族主义的复兴使得学界发起了轰轰烈烈的抵制运动，呼吁净化民族历史。有些历史学家辩称，希特勒的罪行既不是绝无仅有，也不是德国独创。希特勒的种种行径都是用种族替代阶级。希特勒毫无疑问罪状滔天，但是其他民族亦有同类行为，却没有承担如此沉重的国际谴责。纳粹主义的确行迹可耻，但不是根本性的，它更大程度上是一种坏运气和行为失常。

像保守派政治家弗朗茨·约瑟夫·施特劳斯说的那样，德国人不能把对本国光荣历史的看法仅仅局限于1933—1945那该死的十二年。德国历史不能以一连串无休止的错误与犯

罪来呈现。另一位保守主义历史学家米夏埃尔·施蒂默尔也批评德国人困在自己的负罪感之中，呼吁重新肯定国家认同。施蒂默尔指出："迷失方向与寻找身份认同相伴相生，任何认为这对政治或未来毫无影响的人实际上都忽略了一个事实，即在一个没有历史的国度，那些填充了记忆空白的人恰恰也是定义概念、诠释过去和赢得未来的人。"

历史是一种武器。也许是因为捷克作为一个国家所经历的动荡变迁，使得捷克人对操纵历史十分敏感。一位历史学家透过米兰·昆德拉的著作《笑忘录》观察到："给一个民族洗脑的第一步就是磨灭其记忆。毁掉其书籍、文化、历史。第二步是找人撰写新书，制造新文化，发明一部新的历史。
此后不久，这个民族将会忘记自己是谁或曾经是谁。人类的 58
权力斗争说白了就是记忆与遗忘的斗争。"

瓦茨拉夫·哈维尔，捷克的剧作家和前总统，曾当着奥地利领袖库尔特·瓦尔德海姆的面做了尖锐的发言，说："那些害怕直面自己历史的人，很有必要为自己的眼前局势感到害怕……说谎永远无法把我们从谎言中拯救出来。篡改历史不仅不能捍卫自由，反倒会毁了它……只有真相才能把人类从恐惧中解放出来。"信史正是捍卫自由的武器。

（三）

美国历史的撰写很长时间内是为了迎合盎格鲁-撒克逊白

人男性新教徒的利益。我父亲一八九〇年代成长于齐尼亚，一座位于俄亥俄州的小镇。在那里生活着大批德国人、爱尔兰人和黑人。有一天，我父亲问他的父亲——从小自德国移居美国，视卡尔·舒尔茨（将军、政治家和改革者）为偶像——为什么教科书上把英国描述成美国人唯一的祖国？我的祖父讽刺地说，显然唯一值得一提的德国人是“在独立战争中站错了队的黑森雇佣兵”。爱尔兰人和黑人在教科书里表现更差，而唯一的好印第安人就是死了的印第安人。非白人盎格鲁-撒克逊新教徒在美国的历史上都是“看不见的人（和女人）”。

教科书以盎格鲁中心主义为主导的部分原因是事实确实
59 如此。无论好坏，美国文化受英国文化传统的影响确实要超过其他别的因素。无论爱憎，恰如政治学家安德鲁·哈克所言：“这个国家的几乎所有历史进程中，重大决策往往都是由白人男性基督教徒做出的。”否认这一或许可悲但几乎无可辩驳的事实等同于篡改历史。但是历史也可以通过掩盖美国白人统治的丑陋面而被篡改，比如对后续移民的冷酷歧视，对非白人少数族裔的野蛮种族主义，以及编造伪善的神话。

编造神话的开端最早可追溯至帕森·威姆斯关于华盛顿的传记。随着盎格鲁中心主义叙事的神话逐渐展开，美国人在那个时候把矛头对准了曾经的自己——英国人。反英主义在缓慢地消逝，尽管目前的理论认为盎格鲁-撒克逊的文化阴谋仍在继续，但美国白人新教徒，从十八世纪开始的亚当斯家族到二十世纪的洛奇家族[1]，自始至终都是反英主义的急先锋。

第一次世界大战后，爱国组织大肆宣传“英国的愚弄使美国陷入挣扎”等说法，对美国教科书中的亲英言论穷追猛打，恰如三十年后新一代爱国猛士猛烈抨击亲苏宣传一样。学者们被指控贪图英国的钱财，与之密谋将共和国带回帝国时代。亲英书籍在纽约、华盛顿特区、圣路易斯以及其他地方遭到严格的官方审查。威斯康星州、俄克拉何马州和俄勒冈州甚至通过了“纯洁历史”的相关法律。

1927年担任芝加哥市长的威廉·黑尔·汤普森支持麦考密克上校反英色彩浓郁的《芝加哥论坛报》，他借这次骚乱 60
大做文章，誓言“如果英王乔治胆敢踏上芝加哥的土地，一定会照着他的鼻子来一下子”。我父亲在其著作《美国历史新观点》中讲过一句异常讽刺的话，“乔治五世的钦差向‘前一个世纪伟大的反政府主义者、反叛者乔治·华盛顿的坟墓’致敬”。发现《新观点》一书在芝加哥大学学生的阅读书目里出现，汤普森就“上述引文公然抨击神圣的国父”而对这本不知名的读物及其无足轻重的作者大加挞伐。汤普森的一位追随者，斯波特·赫尔曼，他是一位达蒙·鲁尼恩[2]式的

1　指亨利·卡伯特·洛奇（Henry Cabot Lodge，1850—1924）和小亨利·卡伯特·洛奇（Henry Cabot Lodge Jr.，1902—1985）祖孙二人，前者系美国马萨诸塞州联邦参议员、历史学家、共和党党员，后者亦为马萨诸塞州联邦参议员，并在1960年美国总统选举中被提名为共和党副总统候选人，与尼克松总统搭档。二人均为持鲜明反英立场的公众人物。

2　Damon Runyon（1880—1946），美国新闻记者、短篇小说家，著有短篇小说集《红男绿女》（*Guys and Dolls*）等。

人物，试图把这本有“叛国之嫌”的书从公共图书馆中清理掉。令人沮丧的是，斯波特只能给自己买一本，然后用熊熊燃烧的爱国火将之烧成灰烬。

作为早期的文化多元主义者，汤普森不仅决心要“制止一切对美国英雄人物的诽谤行为”，还要亲眼看到爱尔兰、波兰、德国、荷兰、意大利以及其他族群出身的英雄得到公正的对待。鉴于统治集团珍视自己那套逻辑自洽的神话，致力于排除其他群体反向证明自己的历史与文化尊严，于是，人们往往通过以赛亚·柏林曾经详述的方式来宣传甚至是夸大神话，即强调本族在美国诞生和发展过程中尚未获得认可的重要贡献。

（四）

有鉴于此，各族群聚居地发展出一套补偿性的记载。在
61 群体的怨恨及骄傲心理驱使下，这类记载经常屈服于柏拉图式的“高尚谎言”的诱惑。哈佛大学杰出的爱尔兰裔美国学者约翰·文·凯莱赫教授对爱尔兰移民的案例提供了略带讽刺口吻的佐证：

> 我对爱尔兰裔美国人的文字历史的早期了解，是从那些天主教小杂志或者波士顿报纸周日版上的文章得来的。它们大多篇幅短小，但文风浮夸，称当时大陆军里

> 76%都是爱尔兰人，乔治·华盛顿的许多密友都是修女和神父，林肯的第二任就职演说是从纽约阿尔帕卡的弗朗西斯·P. 梅格海根阁下——一位铸铁念珠大制造商那里获得的灵感。

这恰恰就是凯莱赫教授所谓的“总有一个爱尔兰人在脚踏实地地工作”的美国历史叙事。

不过，这样的族群沙文主义言论大多仅限于内部自娱自乐。即便是像波士顿及其周边这种爱尔兰政客在学校和图书馆的董事会占主导的地方，爱尔兰人也从未想过把他们自己的“补偿性历史”变为当地公立学校的课程。随着爱尔兰人在美国数量增多，凯莱赫回忆道，虔敬主义的小文章开始从波士顿出版物上销声匿迹。他在 1960 年写道：“现在即便是 3 月 17 日[1]前后也很少见了，我好奇现在究竟谁成为了大陆军的主体。”（答案很可能是黑人和犹太人。）爱尔兰天主教徒 62
被选为总统，这是一种爱尔兰移民被美国最终接受的信号，把爱尔兰人从需要自我振奋的局面中彻底解放出来，正是那年春天，凯莱赫对爱尔兰人问题进行了深刻反思。

那些最开始处在社会底层的族群，一旦获得认同，往往最终又都成为盎格鲁中心主义规则的捍卫者。1990 年，佩吉·努南，聪明诙谐的爱尔兰裔美国女作家，曾担任美国第二位爱尔兰裔总统的御用写手，敦促称：“我们不该用一个族

1　每年 3 月 17 日为圣帕特里克节，是纪念爱尔兰主保圣人圣帕特里克的节日。随着爱尔兰移民不断进入美国，美国从 1937 年开始庆祝该节日。

群自己的丰功伟绩来引导移民，而应通过讲述一个伟大的统一神话来明确作为美国人的梦想、特点和特殊历史。否则，如果我们讲述历史时被现代思维中强迫性的怀疑主义所主导，被那种欠考虑的不屑所支配，那么我们将不再是美国。”

近年来，没有人比艾伦·布卢姆教授更强烈地谴责学术上的反传统主张，这位犹太裔美国学者著有《美国精神的封闭》。他写道，“我们习惯于听到开国元勋们被指控为种族主义者、印第安人谋杀者、阶级利益代表”，他批评这些揭露者“削弱了人民对美国原则和国家楷模的真实性或优越性所怀有的坚定信念”。

揭露只是一种短暂的现象，没什么好兴奋的。如果能提出任何有力证据，又会有人在适当的时候站出来对先前的揭露行为表示反悔。比如英国历史记者保罗·约翰逊甚至可以把卡尔文·柯立芝塑造成英雄。换言之，历史恰恰是在不断地修订
63 与反修订进程中得到发展的，正如伟大的荷兰历史学家彼得·海尔所说的那样：“历史实际上就是一个永无止境的争论。”

（五）

爱尔兰人和犹太人都曾在美利坚大熔炉中备受煎熬，但他们终于迎来了出头之日：因此出现了像努南、布卢姆这样坚决捍卫盎格鲁中心主义的知名人物。但那些非白人少数族群的情况截然不同，他们面临的不是势利，而是种族主义。

在美国历史上，大多数美国白人认为有色美国人是劣等的、冥顽不化的，这种情形直到一九六〇年代融合论成为举国共识、大势所趋后才有所收敛。即便如此，甚至是当融合论的法律壁垒已经不复存在后，与之相关的社会、经济和心理障碍依然难以祛除。于是，黑人和印第安人使美国民主面临最惨痛的挑战。

诚然，黑人和印第安人都有充分的理由就历史问题声讨补偿。但印第安人无论从数量、团结一致程度、存在感及政治影响力来看都无法与非裔美国人相比。12%的美国人是黑人，且纠正以往学术不公正现象的压力主要来自他们。事实上，白人历史学家在撰写黑人历史时所表现出的麻木不仁加剧了美国白人对黑人的残酷迫害。

即使是最优秀的历史学家弗雷德里克·杰克逊·特纳， 64
在正视美国历史时也认为奴隶制问题仅仅只是一个“插曲”；查尔斯·奥·比尔德与玛丽·里·比尔德夫妇合著的《美国文明的兴起》一书中把黑人刻画成奴隶制中逆来顺受和重建时期哗众取宠的形象，且只承认黑人的一项成就，就是发明了拉格泰姆音乐。塞缪尔·艾略特·莫里森以及亨利·斯蒂尔·康马杰描写了老种植园中不经世事且毫无远见的“黑仔”[1]。当杜波依斯读完白人写作的有关奴隶制和重建时期的历史时，其愤慨可想而知，他写道：“他确实震惊于美国历史学家在这一领域的所作所为……这简直是世间最骇人

1　Sambo，“黑仔”之意，传统上美国对黑人男子及其行为特征的代称。

听闻的抹黑人类举动之一。”

近些年来，白人与黑人历史学家都在为弥补历史偏差而努力。严谨和令人信服的学术研究已经改变了对奴隶制、重建时期以及黑人在美国生活的角色的传统判断。1963 年梅加·埃弗斯[1]在密西西比惨遭暗杀后，肯尼迪总统邀请他的遗孀和孩子们来到白宫。后来，肯尼迪回顾了激进共和党人撒迪厄斯·史蒂文斯建议对南方实施更为严厉的重建政策的那段岁月，他说：“我越来越觉得史蒂文斯所言极是，一直以来我被告知要将他视为对南方怀有恶意偏见的人，但从今天的情况来看，他不该受到那样的指责。”

态度的逆转从学界蔓延至大众文化领域。爱德华·兹维克在其导演的电影《光荣战役》中第一次向诸多美国白人揭
65 示了参与内战的黑人士兵数量。在此之前，又有多少人知道曾有 186 000 名黑人士兵为联邦军浴血奋战，该数字与 1939 年后入伍的全部美军人数持平。

当然学术责任只是修正运动背后的一个因素，并不唯一。历史始终是一种武器。赫伯特·阿普特克，一位对黑奴起义颇有研究且极为思辨的学者写道：“历史的能量是巨大的，被压迫者需要从中获得认同和鼓舞。”（阿普特克是一位忠诚的斯大林主义者，绝对堪称操纵历史的老手）马尔科姆·X 由是说：“让我们大多数人，也就是非裔美国人，在这

---

1 Medgar Evers（1925—1963），美国密西西比州民权活动家，于 1963 年被密西西比州杰克逊市的“白人公民议会”（White Citizens' Council）成员暗杀。

个社会几乎寸步难行的，是我们对历史缺乏了解。”

与爱尔兰人、意大利人或犹太人不同，美国黑人在经历了几代人的心理和文化创伤后，完全有权对自己的过去寻求一个肯定的说法。比白人中的少数族群更甚者，美国黑人认为自己处在由白人价值观和遭到恶意贬低的族群形象所构成的文化霸权陷阱之中。一些黑人知识分子认为，白人在“知识生产”方面有主导权，此外黑人还需要克服“传播霸权”，即“一套全然回应霸权文化的金科玉律”。在黑人眼中，美国梦俨然是场噩梦，有鉴于此，他们比那些白人少数族群更加迫切需要证明自己的身份认同。

毛拉纳·卡伦加[1]那本知名的《黑人研究概论》（据天普大学的莫莱菲·凯特·阿桑特所言，该书堪称非裔美国人思想史的里程碑）里谈到了“从学术与社会层面拯救和重建黑
人历史是拯救和重建黑人性过程中不可或缺的部分。鉴于历 66
史是人性在他者和自身眼中的实质与镜像……不仅涉及人们做了什么，还包括外界对他们是谁、他们能做什么以及另外一个同样重要的问题，即他们能成为什么的直观反映”。

（六）

美国历史研究中出现了一种“总有一个黑人在干实事”

1　Maulana Ndabezitha Karenga（1941—　），研究非洲问题的非裔美国教授、活动家、作家。

的写作手法，对此人们几乎不会感到惊讶。克里斯珀斯·阿塔克斯在波士顿大屠杀中领头同英军抗议并因此殒命。他是名混血黑人水手，可能是个穆拉托人[1]，也可能有印第安血统。我们对阿塔克斯知之甚少，不过一位作家认为："仅仅依据学术中立以及历史还原的铁律来评价一本关于阿塔克斯的书则没有切中要害。这种处理方式显然忽略了在黑人中塑造英雄形象的必要性，就好比白人历史中的内森·黑尔、莫莉·皮彻一样。"

必要性在哪里？白人人类学家梅尔维尔·赫斯科维茨在研究非裔美国人的非洲祖先过程中指出："一部被视为荣耀的民族历史意味着该民族的自尊心会由是变强，且来自他人的评价多为积极正面的。"就像一些黑人公众人物今天强调的，或者来自大不列颠、爱尔兰、犹太人的公众人物在此之前曾经讲过的那样，"没能很好地弘扬自己的历史是现在缺乏
67 自尊的一个重要原因"。补救办法即复兴过往的荣光与英雄人物。堪萨斯大学的雅各布·戈登教授谈道："我们应该放弃等待白人将我们写入他们的历史书，犹太人在这方面做得很好。我们必须创设非洲中心主义的学术研究，并书写属于我们自己的历史书。"

黑人学者表示，美国学校和高校的白人主导倾向导致欧洲中心主义、种族主义、精英主义、帝国主义等意识形态的强行灌输以及黑人价值和成就遭到系统性的诋毁。纽约州立

1 mulatto，黑白混血儿，精确地说，是仅指黑人与白人的第一代混血儿，但通常也可泛指有任何黑白两种血统之人。

大学的科菲·罗蒙迪指出“肉体奴役是通过奴役心灵而实现的”。东华盛顿大学的费利克斯·博阿滕写道：“美国的公校体系中，欧洲主义倾向太过浓厚，以至于白人学生把自己的身份认同视为理所当然，而非裔美国学生则面临去文化的危机。”“去文化”意即“个人所信奉的文化遭到剥夺，随后不得不适应他族文化价值观的过程”。毛拉纳·卡伦加认为，白人教育剥夺了黑人孕育人类和人类文明的平等权利，且试图把黑人学生变为欧洲的低俗写照和不得不模仿压迫者的可怜人。直到白人对黑人思想的绝对垄断被打破，真正意义上的解放才能到来。学者莫莱菲·凯特·阿桑特如是说：“某种程度上，欧洲中心主义的课程设置正在杀死我们的后代，杀死他们的心灵。”

历史上，西方文明相关的课程都被视为文化帝国主义，它们被处心积虑地设计，用来贬损非西方传统并给各种族人民拓上西方烙印。文学方面，那些“经典”，那些必读书目，都被
视为白人权力结构的工具。黑人无处找寻属于自己的真实写照 68
或代表性。一位学者写道：“黑人学生屈从于一系列洗脑，这使得他们源自自我意识、自我知识以及族群身份安全感的自我力量遭到否决。”阿桑特建议黑人学生做两套笔记，一套用来应付考试，另一套用来保持理智。“当他们说莎士比亚是有史以来最伟大的作家时，你记下这个知识点以便应付考试，但可在本子边缘继续写，‘这是无稽之谈’。”

一些黑人教育家甚至断言，黑人学生在生理和心理上与白人学生存在根本差异，他们辩称黑人学生无法像白人学生

那样学习，黑人的思维方式在基因上是与众不同的。用教育学术语来讲，黑人孩子处理信息的方式有所不同。在华盛顿特区工作的一位教师克莱尔·雅各布斯表示，一些科学研究确实显示了出生早期白人婴儿与黑人婴儿的差异性，“黑人的孩子非常富有表现力。我们所拥有的每一个想法都具有情感维度，而在历史上，西方教育一直把感情放在次要地位”。来自哈佛大学的教授查尔斯·威利归纳出几类不同的“才智”，白人重视的“计算和沟通”才智只是其中两种，而其他类型的才智，如歌唱、舞蹈，黑人在这两方面表现非常突出。

据佐治亚州立大学黑人心理学家——阿萨·希利亚德教授所言，黑人学生具有白人不具备的文化天赋：“精力充沛、冲动型、说话声音高亢。”（希利亚德结交的白人朋友一定很
69 有限。）另外一位黑人心理学家纳伊拉姆·阿克巴尔记录道，黑人孩子的沟通风格包括很多肢体语言、眼神交流以及姿态，与此同时，他们还会使用“那些本身缺乏含义但高度依赖语境进行释义的词汇”，以及“许多自我杜撰的感叹词（有些表达较为粗俗）”。

有些人认为，迫使黑人孩子学习标准英语只会加剧他们的自卑感；黑人因此应该专门学习“黑人英语”——一种在市中心区广为流传的俚语，后被称为埃伯尼语[1]，就像西班牙裔应该被教习西班牙语一个道理。1996 年的埃伯尼大危机使

1　Ebonics，美国的黑人英语。

得该问题更为突出。该事件起因在于加利福尼亚州奥克兰教育局宣布埃伯尼语“不是英语的一种方言”而是一门外语，让奥克兰的学校运行一项由联邦资助的旨在确保语言“合法性和丰富性”的项目。这种言行就好比说伦敦东区土话（cockney）是一门伦敦工人阶层讲的外语一样。

一些教授甚至宣称埃伯尼语源自西非，尽管一位刚到美国的尼日利亚记者发现“自己完全听不懂埃伯尼语，而那些认为它起源于西非的人只不过是在构思一套说辞来为无稽之谈辩护”。在诸多黑人乃至白人民众的嘲讽下，教育局被迫放弃这一提案。甚至就连在种族问题上不以克制著称的、来自纽约的阿尔·沙普顿牧师也认为，奥克兰教育局的宣言暗示黑人小孩没有学习标准英语的能力，这对他们来说是一种“侮辱”。

奥克兰教育局还辩称埃伯尼语是“以基因为基础的”。但尼日利亚记者观察认为，该语言“当然不属于非洲基因”。可能教育局的说法仅指在语言学术语中该语言所属的“语系”。但也有人认为，黑人和白人之间的心理差异确实 70
存在机体基础。据黑人精神病学家弗朗西丝·克雷斯称，白人必须争取至高无上的地位以弥补他们的种族自卑感，这是因为他们“无法分泌使皮肤有色的黑色素”。阿莫斯·威尔逊称：“黑人在智力发育、神经功能和精神运动发育方面的优势都与拥有高水平的黑色素有关。”

对此，获得救赎的方式有赖打破白人、欧洲中心主义和种族主义对学校课程设置的控制，并提供旨在回应有色人种、有色人种历史以及适合有色人种的学习方式和行为方式的教育策略。总之，欧洲统治世界的时期很长，无论如何，它是世界上大多数邪恶的根源。那个通过欧洲中心主义的课程设置来有目的地压制、无视非洲对世界文明贡献的时代已经过去了。那些长久以来被白色霸权灌输“自己低人一等”的非白人少数族群的孩子们，需要来自相同肤色榜样的支持和激励。

至少对一些人而言，达到以上目标的答案是“非洲中心论”，阿桑特在其同名著作中详述了这一被誉为“人类重生之核心”的概念。阿桑特坚信：“存在一套独立的非洲文化体系，无论非洲人的血缘从哪里承袭，我们都感受着相同的宇宙律动，并在同一空间内共情。非洲特性（Africanity）是我们无法改变的终极现实。”那些说非洲人与非裔美国人除去肤色外并无共性的人纯属无稽之谈。“这其中蕴含着情感的、
71 文化的、心理上的密切关联……足以跨越大洋。”文明发源自东非高原，而“我们的祖先确实聚集在一起，激励我们，并的确引领我们走向胜利”。

（七）

对美国社会多元特性的晚近认识在历史教学和修史领域产生了激动人心的影响。妇女解放运动、民权运动、族群运动高潮以及其他多种多样的自决组织迫使历史学家用新的视

角审视过往。学者们目前把这类长期被忽略的研究领域拓展为女性史、移民史、黑人史、印第安人史、西班牙裔史、同性恋史等。先前长久沉寂的声音从历史的黑暗中日渐嘹亮。

其结果是美国历史迎来重建，部分基于事实，部分原因在于回应性别和族群压力。1987 年，人口数量最多且成分最为多元的两个州——加利福尼亚州与纽约州为 1—12 年级的学生设置了新课纲，为教授非欧洲文化分配了更多课时。

纽约的课程安排在弱化西方传统方面走得更远。以一个两学年的全球问题研究课程为例，该课把世界分为七个区域——非洲、南亚、东亚、拉丁美洲、中东、西欧和东欧，每个地区的讲授时长是平均分配的。西欧史的课时从整整一
学年砍到了第二学年的四分之一。美国史的讲授压缩到仅讲 72
制定宪法环节，然后跨越杰斐逊、杰克逊、内战和重建时期直接到 1877 年。

尽管 1987 年纽约州的历史课程设置凸显多元文化主义原则，这种调整颇受哥伦比亚大学的埃里克 · 方纳、罗切斯特大学的克里斯托弗 · 拉希等一众知名学者的鼎力支持，但新任命的教育专员为少数群体的利益诉求所迫，还在考虑做进一步修订。1989 年，“少数族裔特别工作小组：公平与卓越”（该小组十七名成员中无一历史学家）提交了一份报告，其中第一句话奠定了全文基调：

非裔美国人、亚裔美国人、波多黎各人/拉丁裔以及

> 美洲原住民均为学术与教育压迫的牺牲品，几个世纪以来，这种压迫持续影响着美国和欧洲中心主义的美国世界所具有的文化、制度特点。

报告断言："欧洲文化及其衍生品的系统性偏见对非裔、亚裔、拉丁裔以及美洲原住民年轻一代的心智产生了毁灭性影响。"这种"欧美单一文化主导"的观点能够解释为什么大量的非欧洲裔后代表现不佳、无法达到教育预期。与此同时，报告认为 1987 年的课纲修订确实将更多的少数族裔元素纳入其中，但仅仅给"司空见惯的主体文化增加了一些有关他者文化的无足轻重的案例"并不能中和掉"根深蒂固的种
73 族主义传统"，这种做法只能促成所谓"欧洲中心主义的多元文化主义"。

小组有关非裔美国人文化的顾问以及报告主笔伦纳德·杰弗里斯教授清晰认识到，即便 1987 年的课改，也显示出"种族仇恨之痼疾深入腠理"。当时作为纽约市立学院一名擅长煽动的教师，杰弗里斯把欧洲人形容为无情的、个人主义的、物质的、好斗的"冷酷之人"，他们在洞穴中成长，并给世界带来了所谓的"三个 D"——支配（domination）、毁灭（destruction）和死亡（death）。相较而言，非洲人成长在阳光下，在黑色素的影响下，无论智力还是体力均颇具优势，他们是热心的、人性化的、善于交际的"阳光之人"。（他还告诉他非裔研究系的学生，是"富裕的犹太人"给奴隶贸易投钱。）

为亚裔美国人文化提供顾问的人呼吁提高亚裔美国人的存在感。拉丁裔文化顾问则在白人使用墨西哥战争和美西战争这两种说法时找到了令人生厌的种族主义证据。从族群角度出发，正确的说法应为美国—墨西哥战争和西班牙—古巴—美国战争。一位后续评论者反对“奴隶”一词，因为它从根本上使得被压迫人民“失去了个性”。“如果一段文字提到了‘被奴役的人’，那么相关的奴役行为就应该被清晰地讲出来。”有关美洲原住民文化的顾问希望为印第安人与易洛魁人双语教学提供更多空间。

报告最后总结道，一个能够给以上四种文化平等待遇的新课纲亟待呈现。该课纲能够给“美洲原住民、波多黎各人/
拉丁裔、亚裔和非洲裔……的孩子们更高的自尊感和自重意 74
识，与此同时承袭欧洲文化的孩子们也会少一些傲慢自大”。

这份报告将族群划分视为理解美国历史的基本分析框架。它对历史的兴趣并不来源于学科本身，而是从社会和心理学疗法的角度出发，其主要目标是提高少数族裔儿童的自尊意识。与此同时，该报告也没有把宪法和“美国信条”作为改善方案。杰弗里斯鄙视宪法，认为“这是 种庸俗的、令人厌恶的东西，它美化了一个在压迫大多数人的同时却给一部分人不应有的奖赏的过程”。对民主理想凝聚力的信仰实际上因其欧洲中心主义的来源而丧失了共鸣。事实上，报告对如何使一个族群多样化的共和国团结一致这个问题不感兴趣。它反倒鼓励和加深了种族紧张局势。

（八）

近来追求非洲中心论的项目在公立学校不断扩展，意味着纽约工作小组的理念在纽约日益深入人心。这些项目大多以教育心理学家阿萨·希利亚德的一系列“非裔美国人基准论文”[1]为蓝本。

希利亚德的幻灯片演讲“解放思想，回归本源：文明的非洲起源”显示了他的思考方式。“非洲孕育了西方文
75 明”，他写道。该论点认为埃及是黑非洲国家，由此也是那些被西方历史学家一度归功于希腊的科学和哲学的真正来源。希利亚德还认为非洲发明了生育控制和碳素钢，并把科学、药学和艺术传向欧洲；其实很多欧洲艺术家，比如勃朗宁和贝多芬，都是“非裔欧洲人”。非洲人早在哥伦布之前就发现了新大陆，大西洋原来的名字本是“埃塞俄比亚大洋”。

1987年，希利亚德的“基准论文”在波特兰、俄勒冈等地的学校得到推广。随后，密尔沃基、印第安纳波利斯、匹兹堡、华盛顿特区、里士满、亚特兰大、费城、底特律、巴

1 非裔美国人基准论文是由俄勒冈州波特兰市的公立学校于1987年委托编写的一系列教育材料，旨在提供非洲人和非裔美国人在艺术、语言、数学、科学、社会研究和音乐等学科方面的历史、文化和贡献等信息。该文本是美国打造多元文化课程体系的重要实践，也被教师们用作教学文献资源和教辅参考材料。

尔的摩、卡姆登及其他城市相继效仿，这些论文使得当地学校董事会和教育局在迫切希望做正确的事的过程中感到焦灼。

约翰·亨里克·克拉克在社会研究领域的“基准论文”以“非洲学者是关于非洲问题的最后权威”这一说辞开场，他还认为，埃及早在伟大的古希腊和古罗马之前，便孕育了后来广为人知的西方文明。“伟大的文明”贯穿整个非洲这片“伟大君主”凭借权力和智慧统治的广阔土地。埃及衰落后，西非的加纳、马里、桑海出现了气势恢宏的庞大帝国，其国家治理以及优质的图书馆、教育资源令人瞠目结舌。后来摩尔人从北部入侵，掠夺黑色帝国，西非由此走向衰落。欧洲来的奴隶贸易者于是杜撰了关于“非洲蛮夷”的神奇故事，从而使奴隶贸易变成了基督教的慈善之举。克拉克认为 76
在欧洲人到来之前西非就存在奴隶制，但是一种人性化的、友善的劳役状态。非洲局势的恶化则是由“欧洲人的贪婪和帝国主义目标”造成的。

其他“基准论文”也采取了大概相似的路径，认为非洲是科学、数学、哲学、药学和艺术的诞生地，但欧洲人无耻地窃取其文明，随后致力于恶意歪曲非洲社会和人民，从而洗白其利润高昂的奴隶贸易。这种做法不是偶然为之，伦纳德·杰弗里斯认为这是为了防止我们形成统一的历史记忆而处心积虑经营的阴谋。波特兰多元文化/多元族群教育项目的协调官员甚至说拿破仑亲自用枪射掉了斯芬克斯的鼻子，这样斯芬克斯就可以不被认为是非洲的了。

正如其他在此之前遭到排斥的族群一样，美国黑人不断挖掘可能存在的历史辉煌以弥补过去和当前遭受的不公正待遇。因为对黑人的排斥比那些白人移民曾经经历的更加悲惨、恐怖，他们对自我肯定的要求于是也显得格外迫切和激烈。例如，为了使非洲中心论的课纲在公立学校得到贯彻，黑人比那些白人中的少数族群前辈走得更远。而美国白人对自己曾经做过的那些十恶不赦之举的迟来认罪引发了一种叫作“白人愧疚”的新现象，从多个角度看这不是什么坏事儿，但为那些愤世嫉俗的黑人借机盘剥或操纵留下了薄弱环节。

美国黑人的困境是我们熟悉的民族主义主题的另一种变
77 体。学界没有人比来自哥伦比亚大学的巴勒斯坦裔美国学者爱德华·瓦·萨义德更多地关注阿拉伯人对于身份的追求，或更加尖锐地指责西方的帝国主义及种族主义。然而，萨义德在他钟爱的阿拉伯中东地区发现了“一种被阴谋论困扰，充满愤愤不平和大业未成之遗憾的民族主义悲情”。他警告说，我们不该摆出一种“狭隘而自怜的姿态，盲目认为虚伪的、铁板一块的西方蔑视我们……要知道世界上有许多西方国家，有些是我们的敌人，有些则不是”。他同时也警告了那些妄图“追本溯源，狂热地（更不用说愤怒地）把一切归咎于某种纯粹的、神圣的起源”的思想家们。这种做法实际上给很多病态的理念和做法付诸实践提供了时间和空间。严肃的黑人学者对黑人的困境也有类似的清晰认识。

把历史作为一种武器实际上是一种滥用历史的行为。历史的终极目标并不是自我展示，也不是为自己的认同辩护，而是充分认识到事情的复杂性并从中探索真知。“我们不需要歌颂鲜血和神话，也不需要歌颂那些曾经被连根拔起、值得惋惜或已经死去的植物，”萨义德写道，“我们需要歌颂鲜活的生物和切实存在的情况。”

79 三　教育之争

作为历史上遭受严重伤害的种族群体，没有什么比美国黑人执着于自己的骄傲并强化本族群身份认同更自然而然的了。与白人中的少数族群相比，黑人的心理创伤非常深，故而他们的以上行为显得更加悲壮、惨烈。当然，也没有什么比宅心仁厚的人们，无论黑人还是白人，支持非洲中心论更理所应当的了，他们对美国社会强加于黑人的辱没和伤害表示一种体面的同情和关切，并且希望能由此弥合创伤。不过，一般意义上的教条式种族主义，特别是教条式的黑人版
80 本确乎提出了一些值得我们审慎和冷静思考的问题。

（一）

文化多元主义对于一个族群成分多元的社会而言异常必

要。但课程改革背后的动机有时候大大偏离了试图如实反映历史的初衷。“多元文化主义”作为一种对抗盎格鲁或欧洲中心主义传统的概念而产生，但在哪个节点上它将彻底蜕化为族群中心主义呢？这个词本应用以指代所有文化，现在却仅仅指代非西方的、非白人的文化了。现代语言协会主席甚至疑惑“为什么我们不能同时学习西方文化与多元文化主义”。

我由是感到，一般意义上的种族狂热，特别是非洲中心论的种种运动，对美国的教育及少数族裔的未来而言都不是什么好兆头。在这里，我想提出几个令我倍感忧心的问题。

如今在美国，没有什么比种族问题更让人难以启齿了，它包含了太多敏感点以及太多易造成误解的可能。如果我尝试说清楚自己为什么会这样想，那么我可能会得到赦免。不管是因为承袭还是自己的确凿信念，我都相信多元主义方法对历史写作和教育的重要性。家父是他那个时代研究社会史、城市史、移民史的泰斗。他是黑人生活与历史研究协会的积极分子，最终也成为该协会最后一位白人会员。他同时 81
还是该协会主任——知名的黑人历史学家卡特·戈·伍德森博士，以及诸如查尔斯·韦斯利、W. M. 布鲁尔、雷福德·惠·洛根、阿尔鲁修斯·泰勒和约翰·霍普·富兰克林等黑人学者的忠实好友。

就个人而言，我一度是《黑人历史杂志》的执行委员会成员。三十年前，我在那本期刊上发文称“如果我们想了解美国信史高高在上又阴森可怖的一面，那么黑人历史必不可少”。我确信教授美国人其他文化的历史非常重要，比如东亚的、拉美的、中东的、非洲的、波利尼西亚的等。我毕生都致力于促进民权。

但文化多元主义不是问题所在，教授非裔美国人或非洲历史也不是，尽管这些都是合理合法的主题。多元文化主义亦不是问题所在。关键问题在于纽约的工作小组、波特兰“基准论文”的撰写者以及其他倡导非洲中心论的思想家把一种族群中心主义的历史展现在了美国孩子面前。或者说，关键问题在于一些人打着“族群”旗号教授糟糕的历史。有哪位历史学家能为纽约工作小组提出的“把国家分成五个族群社区，且它们对美国的发展影响均等”这一命题辩护吗？学校的功能之一不就是教授孩子们形成族群或种族的自豪感么？究竟从何时开始对差异性的执念威胁到作为主流的美利坚民族至上理念的呢？

辩称学校应该设置有关非洲的课程的一种观点认为黑非洲是科学、哲学、宗教、药学、技术的发源地，该地区成就
82 瞩目，却被西方文明“鸠占鹊巢”。事实确实如此吗？诸多历史学家、人类学家认为美索不达米亚平原才是人类文明的摇篮。相关的晚近讨论可参见查尔斯·基思·梅塞尔的著作《文明溯源》。如果伊拉克裔美国人与美国黑人数量相当的话，那我们毫无疑问也即将面对一场有关推广伊拉克中心主义课程设置的挑战。但事实上伊拉克裔美国人没那么多，并且鉴于萨达姆·侯赛因的存在，他们自顾不暇。

非洲中心论的论断主要建立在古埃及本质上是一个黑非

洲国家这一核心观点之上。我算不上什么埃及历史方面的专家，但必须补充一句，那些致力于推动非洲中心论的教育者或心理学家也不是呀。他们经常援引的著作是马丁·伯纳尔的《黑色雅典娜》，这是一部康奈尔大学教授梳理埃及对古希腊影响的佳作。事实上，伯纳尔在书中并没有给“埃及属于黑非洲”这一观点以有力证明。不过他引用的希罗多德的话确实提到一些埃及王朝“是由可被称为‘黑人’的法老统治的”。

供职于哈佛大学并以黑人古典学研究而著称的小弗兰克·M. 斯诺登著有《古代黑人》。他强烈怀疑把古埃及“黑化”的说法。此外他还相信，伯纳尔认为希罗多德指的是二十世纪意义上的黑人，这种假设从希罗多德自己和其他经典学者提供的详实证据来看是矛盾的。一位供职于芝加哥菲尔德自然史博物馆的埃及学家弗兰克·约·犹科仔细检视了木乃伊、壁画、雕塑等其他各种证物，随即在《圣经考古学评论》发文称，“古埃及人就像他们生活在现代的子嗣一样， 83
包含多种肤色，从肤色较浅的地中海型到暗棕色的上埃及型，再到颜色更深的、居住在阿斯旺附近的努比亚型，不一而足”。他补充道，古埃及人会认为我们现在讨论的这个问题毫无意义，并且对我们通过把“原始的种族标签”贴给这样一个伟大文化而形成的种种假设感到奇怪。

犹科对约翰·亨里克·克拉克充斥着非洲中心论的“基准论文”的论断是全面的——“这是一个集误传、前后不一致、谬误、半真半假及过时的信息为一处的混合体……实际上毫无学术价值……因为它读起来更像一部中世纪编年史，而不像当前的历史调查。”

古典学者玛丽·罗·莱夫科维兹在其著作《不是出自非洲》以及多位历史学家在由她和 G. M. 罗杰斯主编的《黑色雅典娜评述》里所阐述的观点，均让那些充斥着非洲中心论的历史幻想走向幻灭。加纳学者夸·安东尼·阿皮亚评价《不是出自非洲》说：“这本书是到目前为止有关埃及对古典希腊哲学之影响的讨论中最精彩的。” 对解决这场大辩论颇为有益。

（二）

继埃及之后，非洲中心论者还向孩子们讲述那些功勋卓著的西非帝王、他们统治下的广袤土地以及他们所创造的灿烂文明。却只字不提这些君主的暴力威权、残酷好战、部族
84 屠杀、鱼肉百姓、贩卖俘虏、在大西洋奴隶贸易中的共谋行为以及当西方废除奴隶制多年后继续存在于非洲的奴隶制。

至于部落主义，“部落”这个词很少出现在非洲中心论的词典中。但是如果不理解部落主义所蕴含的实践、效忠、法度、世仇等内容，又怎么能看透非洲历史呢？早先的黑人学者，比如卡特·戈·伍德森写到西非社会中存在的“嗜杀与人祭”现象。而这类说法是绝对不会出现在非洲中心论的课程当中的。

人们可以不加节制地引用那些非洲中心论理论家自认为是事实却非常可疑的观点——例如毕达哥拉斯和亚里士多德从埃及的黑人学者那里窃取了数学和哲学知识。但没有可靠的证据表明以上两位先贤曾造访埃及。就毕达哥拉斯而言，康奈尔大学的科学史教授莱·皮尔斯·威廉斯认为，诚然巴比伦人和埃及人对勾股关系十分熟悉，但毕达哥拉斯定理，或者说对以上关系的最终论证是由希腊人完成的。至于亚里士多德，有关“亚历山大大帝以老师的名义掠夺亚历山大图书馆”的传闻在“亚历山大大帝建立该城池前并没有什么亚历山大城可掠夺，且图书馆在大帝及其老师亚里士多德去世后半个世纪才得以竣工”的事实面前立不住脚。无论如何，观点和想法是很难被“偷走”的，就像珠宝一样，被人从原来的拥有者那里彻底移走。恰如黛安娜·拉维奇的犀利提问：“这个世界上，一个人如何通过共享知识而丧失它？”

科技方面的“基准论文”包括美国黑人科学家们的传 85
记，发明了血浆保存法的查尔斯·理·德鲁名列其中。1950年，德鲁在北卡罗来纳遭遇车祸，伤势严重、失血过多。但据“基准论文”记载，“附近多所白人医院没有一家为他提供紧急输血，于是在赶往专门收治黑人病人的医院途中，他命丧黄泉”。这是一个地狱般悲惨的故事，血浆保存法的发明者因为白人种族主义者拒绝将其发明应用在他身上而不幸离世。但这故事不是真的。斯彭西·洛夫在传记《一滴血：查尔斯·理·德鲁的死亡与重生》中给出了总结性说明：“德鲁被迅速送往一家医院，获得三名白人医生的妥善救治，最终死在了急诊室里。”（她同时还解释了为什么会有以上传言传播：即使德鲁没有被急诊拒绝收治，其他许多美国黑人也会有此遭遇。）

所以给少数族裔的孩子们授之以神话——至少是把神话当史实来教授是否真的可取呢？《俄勒冈人日报》的一位记者描述了近日在波特兰一些教室中出现的场景：“比如黑人学生在课堂上了解到非洲人远比哥伦布更早踏上美洲大陆以及埃及艳后是不折不扣的黑人。”那么试问非洲中心的沙文主义与约翰·文·凯莱赫教授所讽刺的爱尔兰裔美国人自创神话的行为有何区别呢？这种不加批判的颂扬，不正是把我们带回到了柏拉图所谓的“高尚谎言”吗？

86 （三）

非洲中心论运动的深层根源建基于“学校里历史教育的目标是疗愈性的”这一论断，即培养少数族裔儿童的自我价值感。欧洲中心主义否认非白人儿童享有任何能够引以为傲的历史，这被认为是导致以上儿童学业表现不佳的诱因。种族意识及群体自豪感则被视为能够有效提升非白人学生的认同感和自尊。

人人都为美国的教育状况感到苦恼，尤其是在我们这些城市。每个人都在寻求弥补之道，特别是那些无须成本投入或增税的方法。课程改革开销极小，它能够恰到好处地抚慰激进的非白人少数族群，并且帮助释放白人主体民族的愧疚之心。此方式甚至可能有一些功效。或者试问，它会有吗？即便在他们自己的信条内，非洲中心论发挥作用的可能性大吗？

如果黑人孩子在学校被告知世界上所有的美好事物均来自非洲，他们就能够表现得更加出色？这个命题假设了美国黑人与非洲，特别是同埃及作为非洲中心论的主要呈现之间的灵活关联。但是埃及人和美国黑人之间的任何关联，不管他们究竟是什么肤色，都是极其脆弱的。

美国黑人的寻根并未追溯到埃及。他们的大量先祖来自西非，特别是几内亚海岸。他们来自不同的部落，讲着多种
语言。阿里·马兹瑞教授告诉我们非洲包含了大约八百五十 87
种截然不同的族群和语群，所以说任何黑奴的同质化倾向都并非来自非洲部落，而是来自美洲种植园。

但我们又该如何看待非洲中心论以及“黑人的思考方式差异源于基因”这种提法呢？难道这不意味着黑人与非洲在心理和生物层面有更为持久的关联吗？黑人心理学家韦德·诺布尔斯称，黑人心理学的“独特地位”遵循了“基本的非洲哲学观，它支配着生活在非洲和新大陆的非洲人的价值观、习俗、态度和行为”。该思考脉络同利奥波德·桑戈尔的“黑人性”判断如出一辙，他最初的构想是世界各地的黑人都被赋予了独特的人类价值观、心理构成和文化风格。“情感属于黑人，”桑戈尔说，“就像理性属于希腊人一样。”

但除非人们屈从于生物决定论并接受“拥有黑皮肤衍生出一种独特的黑人心态和品格”这一提法，否则很难看出今天的美国黑人与三个世纪前异源的西非祖先之间存在着什么活生生的联系。与此同时，坚持种族决定心理的生物决定论毫无疑问只是种族主义的一种变体。生物决定论不过是内战前美国南部为奴隶制辩护的一类说辞。听到现如今黑人们也在援引相同的观点实在令人瞠目结舌。

直到最近，很少有美国黑人把与非洲的联系作为他们生活中的一个重要主题了。戴维·沃克在他 1829 年《致世界有
88 色公民的呼吁书》中谈到，美国这片我们曾经用泪水与鲜血浇灌的土地现在是我们的祖国。伟大的弗雷德里克·道格拉斯写道：“让非洲而不是美国成为黑人心中的家园，没有任何一种思想比它给这个国家的有色人种带来更为严重的压制和迫害。正是这种狼子野心的观点使我们边缘化，剥夺了我们的公民权。”当黑奴获得解放、变成自由人后，他们给自己取名选姓用的都不是非洲名字，而是美国英雄人物的名字——华盛顿、杰斐逊、杰克逊、克莱、林肯。“世代久居、辈辈辛劳、饱经磨难成就了我们作为美国人的身份，”俄亥俄州一所黑人高中的校长在 1874 年谈道，“无论从语言、文化、恐惧还是希望来看，我们都是美国人。”

杜波依斯回忆说：“不管是我的父亲还是我父亲的父亲，都从未见过非洲、了解它的真正含义或者过分关注过它。”在杜波依斯的记忆中，全国有色人种促进会的黑人同僚们唯恐避非洲而不及，他们认为自己就是美国人，不是非洲人。

他们对任何与非洲相关的事情感到怨恨和恐惧。尽管杜波依斯在西非度过了最后几年，但他早些时候便已经否定了自己与非洲的关联，他表示：“就强调这一次，让我们一定要意识到一点，那就是我们是美国人，我们是和最早的定居者一起来到这里的，我们要想生存下去，我们所属的特定文化类型就不可避免地要全面吸收西方的模式和习俗。一言以蔽之，没有什么比我们更能体现本土特色，堪称彻彻底底的‘美国制造’了。”

一些黑人领袖，特别是十九世纪中期的马丁·德拉尼及
一九二〇年代的马库斯·贾维，时不时地唤醒人们对非洲逝 89
去的兴趣。不过德拉尼的竞选活动被内战打乱了节奏，而贾维是牙买加人，他主要在英国发展了自己的回归非洲愿景，影响美国的时间非常短暂。1935 年墨索里尼攻击埃塞俄比亚再度引发了人们对非洲的兴趣，但也只是转瞬即逝。

我回忆起了 1956 年的总统竞选。那时候我正为阿德莱·史蒂文森工作，此人在民权运动方面资质尚浅，但就非洲的民族主义很有话语权。我于是向一群富有同情心的黑人领袖建议说，或许史蒂文森可以通过对黑人民众们宣扬“非洲人的非洲”，从而弥补他在民权方面的缺陷。对此，我的朋友笑话我说，美国黑人对非洲的关注少得不能再少了。

艾布拉姆·林·哈里斯，一位激进的黑人经济学家，他写道：“无论因循哪套逻辑，美国黑人也不能被认为是非洲人。”黑人教育者霍勒斯·曼·邦德 1959 年甚至谈到了“美国黑人对非洲和非洲事务的嫌恶传统”。1964 年，著名社会

学家米尔顿·戈登论及美国黑人时也说“他们对非洲祖先的民族文化的认同并不存在”。马丁·路德·金告知罗伯特·佩恩·华伦：“黑人也是美国人，我们对非洲一无所知。”

这里可借用康蒂·卡伦的诗句做个总结：

非洲对我而言是什么：
铜铸的太阳还是猩红的大海，
丛林之星或丛林之路，
90 古铜色皮肤的男人
还是在伊甸园的鸟儿轻啼婉转时
孕育了我的高贵黑人妇女？

从父辈深爱的图景到三个世纪后的今天
香料林抑或肉桂树
非洲之于我，究竟为何物？

（四）

特别是过去二十五年间，对非洲的态度发生了翻天覆地的变化。但美国的非洲中心论确实是英国历史学家艾里克·霍布斯鲍姆所谓“被发明出来的传统”。不过亚历克斯·哈利的吸睛之作《根》为该传统创造了观众。就像伊斯米尔·里德后来考证的那样，如果哈利追溯他父亲而非母亲的世系，“往回推十二代，则不是冈比亚，而是爱尔兰”。

民权运动并未能惠及非洲中心论，所以谈不上是推动非洲中心论高涨的力量，与之相比，大量非洲国家迎来民族独立所产生的骄傲感似乎更显鼓舞，对许多美国黑人来说这证明了种族雄起，与以色列建国对美国犹太人意义非凡同理。不过当美国犹太人骄傲地瞩目以色列今日成就之时，非裔美国人很难从当代的利比里亚、乌干达或加纳那里汲取自豪感，因此他们不得不从晦暗的过去当中寻找片刻辉煌。 91

颂扬非洲历史的过程包括将盎格鲁式“奴隶”名字换成非洲版本的抗议活动、穿戴非洲服饰、重操非洲礼仪等。曾在 1962 年谈到“在美国之前的黑人历史，只是一种情感的抽象”的勒鲁瓦 · 琼斯现在对黑人的非洲之根确信不疑，遂更名为阿米里 · 巴拉卡。无独有偶，阿瑟 · 史密斯把名字改成莫莱菲 · 凯特 · 阿桑特，并呼吁同族都用非洲名字，他表示：“只有这样的名字才能反映我们的认知。”

在阿萨 · 希利亚德组织的题为“把非洲和非裔美国人等内容注入学校课程”的研讨会上，约翰 · 亨里克 · 克拉克依照阿散蒂部落首领选举仪式的方式被授予殊荣：首先，螺号齐鸣、响鼓震天，接着克拉克三次被抬到为众人敬仰的座位上。《新共和》杂志的安德鲁 · 沙利文报道称：“五位赤裸上身、系着腰带、绑有金色头箍的男子列队而入，他们举着一顶巨大的黄色华盖，顶部镶着象牙制的小象。”

在另外一个会议上，阿倍那 · 沃克指出：哥伦比亚特区的非洲中心论教育模式着重体现在礼仪、音乐和颂歌方面，孩子们将“通过乐律和说唱学习”。韦德·诺布尔斯身着一袭蓝紫色长袍，手持驱魔物走上讲台，遵循非洲的习俗，在开始讲话前征求长老的同意。他接着说：“当我们接受了别人的理论，我们就像是弗兰肯斯坦（他实际上指的是弗兰肯斯坦的怪物），得为别人的意愿服务。就好比有人喝了一些佳
92 酿，随后吐出来，而我们不得不接过这些呕吐物一饮而尽，所以说千万不要沦落至此！”

当然，这一切都有点令人神伤——远比上面将西方知识遗产斥为呕吐物那种粗口更甚。但是，几乎没有证据表明“这种被发明出来的传统”比少数怒火中烧、野心勃勃又或许是绝望透顶的狂热分子或者骗子们的胡乱抢白高明多少。可它对白人负罪感的影响比对黑人社区的共识要大得多。

美国黑人的非洲化运动没能走多远。可能就像黑人历史学家南森·哈金斯写到的那样，因为“一个非裔美国人与一个波兰移民的孙子之间的关系，将比前者与尼日利亚人或后者与华沙工人之间的关系更加理所当然”。甚至连阿桑特本人也承认，当美国黑人访问非洲时，非洲人认为他们是普通的美国人，而不是非洲人。

《华盛顿邮报》黑人专栏作家威廉·拉斯伯里由是写道，任何对非洲略知一二的人都知道根本不存在那种能够被美国黑人传承的单一“非洲”文化。“当一些人在廷巴克图建起大学时，另外一些人则在从事奴隶贸易、参与部落战争或自相残杀；一些非洲人是一神论者，而另一些人是万物有灵论者。和他们的欧洲同行一样，他们中的一些人在宣扬卓越

的哲学思想，而另一些人还野性未褪。”谈到非洲中心论的课程设置，拉斯伯里补充道：“关于黑人儿童更容易接受非洲文化而非美国文化的假设有待商榷，因为这些孩子对他们的 93
非洲血统只有非常模糊的概念，但对美国文化日日耳濡目染。”

著名社会学家、“和平队”顾问戴维·里斯曼观察认为，在非洲服务的黑人“和平队”志愿者们在从祖籍重返“现实”家园后往往对他们“根深蒂固的美国人特性”产生了新的共鸣。他们终究还是美国文化而非非洲文化的子孙、贡献者乃至牺牲者。

（五）

就算美国黑人与非洲确实有某种天然的、真切存在的联系，那么学习与非洲相关的知识就一定能提高黑人孩子们的自尊感吗?

纽约课纲修订工作组声称强调单一文化的欧洲中心主义偏见给“非洲裔、亚裔、拉丁裔以及美国原住民的年轻人带来极强的心理损害”。那种称欧洲创造了一个同质性文化的观点十分荒谬。从雷克雅未克到雅典，从里斯本到鄂木斯克，来自世界各地的人混同而居，这其中有什么“单一文化”可言呢？亨利·亚当斯和他曾形容的“鬼头鬼脑的雅各布（Yacoob）或亚萨克（Ysaac），身上仍散发着犹太人聚居区的臭味，用古怪的意第绪语向海关官员咆哮”，他们能被有效地视为单一文化的产物吗？丘吉尔和希特勒、圣弗朗西斯和马基雅弗利、伯里克利和德古拉——这些难道都属于同一文化？

无论如何，特别工作小组的报告并没有提供证据证明欧
94 洲中心主义的偏见会破坏少数族裔儿童的心理。就我所知，尚无实证研究表明高自尊与学业成绩优异之间存在某种必然联系。事实上自尊心过强往往与表现不佳挂钩。知名的、致力于研究自尊问题的加利福尼亚任务小组的专家们得出结论认为，“自尊与其预期后果之间的联系是复杂的、无关紧要的甚至不存在的”。

提倡宣扬非洲历史的理论认为，深入探索本族的历史能够有效克服种族自卑感，途径有二：一是从往日辉煌中汲取本族自豪感，二是提供本族榜样以指引未来发展方向。于是，告诉黑人孩子古老的非洲是多么神奇，会让他们更加努力工作，表现出色。但是，研究希腊的荣耀和罗马的辉煌是否提高了希腊裔美国儿童和意大利裔美国儿童的学习成绩呢？正如各位所见，情况并非如此。那么凭什么说这样做会对黑人儿童的学习表现有所助益呢，要知道他们可不是在五十年前，而是三百年前就已经离开了自己的出生地啊。

同样的，在美国历史上找不到本族楷模的两个典型族群——犹太裔美国人、亚裔美国人并没有因此而身陷阻碍；也没有犹太中心主义或亚洲中心主义的公校课程设置来帮助他们弘扬自己的先祖文明。不过犹太裔，特别是占全美人口

3%、伯克利学生人口30%的亚裔，取得了与他们人口数量不成比例的巨大学术成就。

在纽约工作组公布了那份最初的、观点有失偏颇的报告后，教育专员任命了一个新的委员会，该委员会在规定时间内提交了一份新报告，措施更为温和，但在应用层面仍不乏 95
歧义。报告建议，学生们应该“继续”被鼓励去探寻本族的文化遗产，去了解为什么应以本族文化为荣，从而问出这样的问题：“我为什么有必要理解和尊重自己族群的文化、语言、宗教和族源。”

但是，鼓励学生“不断”了解哺育他们成长的美国文化并为他们积极参与塑造这种文化做准备不是更合适吗？“如果我刚到美国，”墨西哥裔美国作家理查德·罗德里格斯说，“为什么要教我有关我自己祖先的知识？我需要了解十七世纪的清教徒，如此才能理解我在美国城市各处看到的反叛；应该给我介绍英王的疯狂行径，我就能更好地懂得为什么美国人执着于打破传统；然后教我审视牛仔和印第安人的往昔，我应该知道是悲剧创造了这个国家，而这个国家也将塑造我。”公共教育应该加强和延续族群和种族亚文化？还是说它不追求让我们的年轻一代为共同的美国文化做贡献？

当然，请允许我指出上述普适性观点的一个特例，就是美洲印第安人的情况，因为他们是独特文化的继承者和守护者，是独特文化的唯一拥有者。举个例子，假设意大利裔美国人与他们的祖先文化断绝，并不意味着意大利文化的彻底绝迹，毕竟，意大利仍将存在。但如果印第安人与自身文化

断裂，那这一文化将不复存在，人类也会因此蒙受巨大损
96 失。1996 年《纽约时报》的讣告版上出现了一则沉痛的标题："红雷云，八十六岁，离世，卡托巴语随之逝去。"[1]因此，针对美洲印第安人的特殊情况，保护他们的独立社区看起来十分合理。

总而言之，人们普遍认为公立学校肩负着让孩子们相信其族群独具魅力的重大使命，但这种看法是不切实际的。族群亚文化如若真的具有生命力，就会被家庭、教会和社区充分地灌输给儿童。公立学校的职责当然不是宣扬人为的族群沙文主义。

（六）

为什么人们会一厢情愿地认为民族自豪感和鼓舞力量只存在于同族内部？难道只有具备亲缘关系的人才能成为榜样？事实并非如此。弗雷德里克·道格拉斯十二岁的时候曾偶然翻到一本叫做《哥伦比亚演说家》的书，其中汇集了包括伯克、谢里登、皮特、福克斯等一系列名人的演讲稿。道格拉斯后来回忆说，"我一有机会就读此书"。书中的演讲内

1 最后一位会使用卡托巴语（Catawba）的人名叫红雷云（Red Thunder Cloud），是一位歌者及说故事的人，于 1996 年 1 月过世。卡托巴族印第安人曾定居在南、北卡罗来纳州境内的卡托巴河附近。17 世纪时该族人数尚有 5 000 人，但到了 20 世纪末，卡托巴族的后裔只剩下约 1 200 人，聚居于南卡罗来纳州的罗克希尔周边。

容“折射出我对自己灵魂的有趣审视和思考，虽然这些想法经常在我的脑海里一闪而过，却因苦于缺乏表达而不见踪影……我从谢里登那里学到了对奴隶制的大胆谴责和对人权的有力辩护。阅读这些文本使我能够清晰表达自己的想法”。道格拉斯并不认为演讲者是白人这一事实是不可逾越的障碍。

杜波依斯也没有回避同欧洲中心主义传统的联系。他说：“我与莎士比亚平起平坐，他从不避讳。我与巴尔扎克、 97
大仲马跨越肤色界限肩并肩、手挽手，我在笑语吟吟的绅士们和热情洋溢的淑女们来来往往的华丽大厅内召唤亚里士多德、奥勒留以及我的灵魂，他们优雅地纷至沓来，不带一丝轻蔑，也没表现出丝毫的屈尊俯就。于是，事实表明，我确实超脱于面纱[1]之上。”

或者我们还可以再听听拉尔夫·埃利森的说法：“在亚拉巴马州的梅肯县，我读过马克思、弗洛伊德、托·斯·艾略特、庞德、格特鲁德·斯泰因和海明威。那些很少（如果有的话）提到黑人的书，会把我从用某种‘种族隔离’思维思考人类可能性的苗头中解放出来。” 埃利森继续说，他终获自由，不是因为理查德·赖特等其他黑人作家的榜样效应，而是因为艺术家们为生活及其多种可能性提供了更广阔的感

1 “面纱”（veil）一词经常被杜波依斯提及，1920 年他出版《黑水：来自面纱后的声音》（*Darkwater: Voices From Within the Veil*），该意象含义有二：一是有一层“面纱”遮蔽了黑人生活的真实风貌，白人由是无法真切了解他们，二是希望揭示这层“面纱”如何扭曲了黑人与白人之间的相互理解和认知、制造隔阂，并希望通过揭开“面纱”让误解不证自明。

知空间。恐怕正是那些缺乏想象力的人才会认为，只有通过其他黑人的榜样作用，广大黑人才能做到这一点。多年后，当黑人作家查尔斯·约翰逊凭借《中途》获得美国国家图书奖时，他补充说：“你可不是用皮肤写作，看在上帝的分上，你是用想象力写作的。”

当斯特林·布朗、阿瑟·保·戴维斯、尤利塞斯·李于1941年推出他们堪称扛鼎之作的黑人作品选集——《黑人行旅》时，坚决否认黑人文学已然“陷入一种独特的文化模式……许多当代黑人作家的作品风格与欧·亨利、卡尔·桑德堡、埃德加·李·马斯特斯、埃德娜·圣文森特·米莱、沃尔多·弗兰克、欧内斯特·海明威以及约翰·斯坦贝克等人的近似度远远高于他们互相之间的相似度。文学传统的纽带似乎比种族要牢固得多”。

马丁·路德·金在以梭罗、甘地和莱茵霍尔德·尼布尔
98 为榜样方面做得很好——并且不管怎样始终牢记自己（和父亲）因谁得名。几乎找不到任何记录表明“以欧洲为中心”的教育模式对伟大的美国黑人的心灵产生了非常严重的破坏性影响。那究竟为何要把这一点强加于今天的黑人儿童身上呢？为什么不能像杜波依斯那样置身“面纱”之上呢？难道林肯只是那些英格兰裔人民心目中的英雄，杰克逊只是苏格兰-爱尔兰裔美国人的，道格拉斯也只是黑人的？实际上，那些伟大的艺术家、思想家、领袖并不只属于他们的种族，而是全人类的共同瑰宝。

论及自尊心，它真的能通过族群内的榜样效应以及幻想

昔日荣光实现吗？还是说它根本不是源于因成就而生的自信，源自个人而非种族自豪感？事实证明，凝聚力非常强的亚裔美国人和犹太裔美国人往往通过家庭向孩子们灌输自尊意识和努力工作的决心。出于某些历史原因，黑人家庭往往缺乏上述凝聚力，于是，很多黑人孩子极易跌入一个否认自我价值、缺乏自信的疑惑世界。聆听非洲则于事无补。

（七）

把历史当作疗法意味着侵蚀了历史作为历史的本意，所有主要种族、文化、民族都曾在某个时刻犯下罪行、施暴或制造恐怖。可以说，每种文明内里都有着不为人知的丑事。信史要求人们呈现出未经删减的历史。全面解读非洲的专制主义、屠杀和奴役对增强黑人学生的自尊心帮助有多大？反之，如果全然略去这些不堪回首的片段，那你们又将看到一 99
种什么样的历史呢？

即便是为了让人们感觉良好而净化了历史，也没有证据表明“令人自我感觉良好”的历史能够有效提升族群自尊心，并使学生获得谋生必备的本领，恰恰相反，非洲中心论的教育将使黑人儿童像威廉·拉斯伯里所写的那样：“在他们必须具备竞争力的文化环境中缺乏必要的竞争能力”。对于美国黑人的青年一代而言，取非洲名字，穿戴非洲服饰，效仿非洲礼仪，通过音乐、唱颂、旋律和说唱进行学习，拒绝标准英语，听到坊间传言他们因思维方式与众不同而不配接受一流教育，如是种种对他们有什么裨益呢？会帮助他们更好地理解民主吗？还是帮他们更好地融入美国生活？雅克·巴尔赞提醒我们：“鲍威尔将军可不是因为相信黑人英语足以满足其职业生涯毕生追求才官居高位的。”

实话实说，很难想象任何一种教育模式能比非洲中心论“更摧残心灵”。让人们沉沦的最好方法莫过于剥夺他们实现自我提升和取得成就的有效手段，并且把他们融入国家生活的机会彻底掐灭。假使某些三 K 党领袖打算处心积虑设计一种旨在阻碍美国黑人发展的课纲，那么没有什么比非洲中心论的课程设置更能达到此番邪恶目的了。

此外，当黑人儿童长大后，逐渐发现非洲中心论者教他们的那套中很多都不真实，这种情形真的有助于提高他们
100 的自尊心吗？黑人学者长期致力于将黑人历史从沙文主义的夸大中拯救出来。著名的黑人历史档案工作者阿·阿·朔姆堡曾经对那种“试图证明世界上一半的天才是黑人以及从示巴女王[1]开始追溯十九世纪美国人的血统”等做法表示不齿。

黑人社会学家奥兰多·帕特森对如下行为同样蔑视，说黑人教育家们“一头扎进文明的光辉灿烂时刻，追溯到迦太

---

1 相传西元前非洲东部强大的示巴古国之女王，该国地处今日埃塞俄比亚附近，国力最为强盛之时疆域扩张至东部非洲、沙特阿拉伯南部地区和也门。

基、埃及、努比亚以及其他来自古代北非地区的‘伟大’文明……黑人历史学家的角色也变成了带黑人重回‘文明诞生’的美妙故事之中，由此证明白人历史不过是满纸荒唐言，从而论证‘世界历史’的所有重大事件中确实都有黑人的身影”。帕特森把这种现象归纳为“三个P”：意即由王公贵胄（Princes）、金字塔（Pyramids）和蔚为大观（Pageantry）共同构成的黑人历史。

当今美国诸多黑人历史学家的领袖约翰·霍普·富兰克林曾写道：“一方面黑人学者确实有责任为其所处社会的提升和改善贡献力量，但他也必须明白强硬的政策建议与高标准的学术研究之间的差异。”像小亨利·路易斯·盖茨这样严谨的黑人学者，以及他在哈佛大学非裔美国人研究系组建的小组，对非洲中心论持拒绝态度。

非洲中心论者不是多元文化主义者，而是黑人种族中心主义者。他们也没有花费功夫掩饰他们过于露骨的政治动机。阿萨·希利亚德处理学术批评的办法不是予以回应，而是把任何质疑非洲中心论课改的言辞视为“对有关非洲人民的研究的普遍性攻击”。为了给纽约工作组提供的报告辩 101
护，其中一位作者甚至把课改方案称作“文化与政治赋权的有力工具。我洞悉到将我们边缘化的努力与认识到我们（非白人）将在二十一世纪成为主体之间存在清晰关联”。值得注意的是，几乎没有受人尊敬的黑人学者参加希利亚德1990年组织的那个题为“把非洲和非裔美国人等内容加入学校课程”的会议。

（八）

“一旦族群自豪感和自尊心成为历史教学的标准，”黛安娜·拉维奇指出，“有些史实随即成为了禁忌。”据此而言，陈年旧账还是应该封存在历史的壁橱里，以免引发后世不快。

全美范围内，没有哪个地区的历史课程设置在文化多元主义方面做得比加利福尼亚州更加谨慎、更注重平衡。但州教育委员会的听证会向人们展示了当族群解放以牺牲学术真谛为代价时会发生什么。争论的焦点是教科书应该如何反映新的课程标准。波兰裔美国人要求，任何提及希特勒大屠杀的说法，都必须与波兰天主教徒遭受的种族灭绝式的惨剧相吻合。亚美尼亚-美国人要求教科书必须涵盖土耳其屠杀亚美尼亚人的部分，土耳其裔美国人则坚决反对。尽管严谨的黑人学者一再证实当前教科书中对黑人历史的处理堪称典范，
102 但非洲中心论者认为这样的教材终将导致“教科书式的种族灭绝”。穆斯林则抱怨说，教材中一幅伊斯兰战士举着弯刀的插图可能会助长穆斯林都是“恐怖分子”这类刻板印象。

拉维奇回忆道：“一个又一个族群坚持认为其先祖在历史上遭受的苦难非他族可比。”美国印第安人、西班牙裔美国人、华裔美国人、同性恋者、重生的基督教基要主义者、无神论者——纷纷抗议说教科书在弘扬他们各自的文化和立场

方面浅尝辄止、不甚深入。拉维奇记载称：“这些批评家们在听证会上不断强调的唯一主题就是如果教授的知识冒犯了他们的族群，那他们宁可什么都不学；很多人就此表示，无论教授什么都必须有助于提升族群的自尊心或自豪感……这场寻求族群自尊运动中的唯一反派就是白人男性，到目前为止还没人站出来为他们代言。”

纽约十一年级美国历史课程的学习指南告诉学生，宪法有三大“基础”：欧洲启蒙运动、易洛魁联盟政治体系（Haudenosaunee Political System）[1]、早期殖民经验。其中只有易洛魁联盟政治体系给出了解释性副标题：“1. 对殖民地领袖和欧洲知识分子的影响（洛克，孟德斯鸠，伏尔泰，卢梭）；2. 对奥尔巴尼联盟计划（Albany Plan of Union）[2]、邦联条例（Articles of Confederation）和美国宪法的影响。”

有多少研究美国宪法的专家会赞同这种对“易洛魁联盟政治体系”狂热的赞颂？又有多少人听说过这个体系？无论该政治体系对宪法制定者产生过何种影响，那都是微乎其微的。在欧洲学者眼中，它甚至被边缘化到了视而不见的程 103
度。事实上其他州的历史课程都没有给予制宪过程这般详尽的分析，但从另一个方面说其他州确实也没有如此卓有成效的易洛魁人游说团体。

1　美国东北部大湖地区原住民组成的部落联盟及政治制度。

2　1754 年，为联手应对来自法国人和印第安人的重重威胁，北方几个殖民地派代表在纽约奥尔巴尼集会，制定了该殖民地联盟方案，计划成立由英王任命的大统领和殖民地代表选举的大议会共同组成的殖民地联合政府。

或许是受到易洛魁人游说团体大获成功的启发，1996年爱尔兰裔美国人游说团体通过纽约立法机构推动了一项法案，要求在对人权进行指导时“特别关注……种族灭绝、大屠杀、奴隶制以及1845—1850年爱尔兰爆发的大规模饥荒”——这项法案把此次惨剧归咎于当时的英国政策。这样一来，不晓得还有多少其他族群的游说团体希冀依据本族群目标设法干预公立学校教学呢。

纽约历史课程改革的争论引起了州内历史老师们发人深思的回应。有人写道：“历史不该成为取悦或安抚任何社会群体的工具，教师也不该充当公共关系顾问。撰写历史需要对某个主题进行批判性分析，而不仅局限于歌功颂德。”纽约州立大学布鲁克波特学院历史系在一封致全州历史系的通函中总结了这个问题：“我们坚持认为课程不能被完全当作纠正既往不公的工具，无论多么写实都行不通。因为历史本质上是一种能够帮助我们在共同经历的过去中探寻真相的工具。”

霍华德大学校长富兰克林·詹尼弗一方面承认自己所处的“历史性黑人机构”有责任向年轻人传授属于他们特有的历史和文化，但他也补充说：“当某人谈到公立学校时务必特
104 别小心，因为公立学校从字面含义来看是指向所有民众普遍开放的学校，它们也必须了解所有人的诉求……随意杜撰历史是万万不可以的。”

当每个族群和宗教团体都声称有权批准或否决公立学校的教授内容时，文化多元主义就沦为了种族中心主义。其中

首当其冲的就是那个古老的观念——无论我们来自哪个族群，都一道构成美国人。

此外，自我感觉良好式的历史是对修史这一高尚职业的亵渎。戈尔·维达尔说得很好：“我最讨厌的就是那种所谓的‘好好公民历史’，那种写法毁掉了所有历史书。现在我们知道了，‘西班牙裔生性热情、乐观，他们给我们的生活屡屡创造奇迹’，你也知道在这之前是犹太人，再之前是黑人，还有妇女，我是想说，省省吧！”

诚然，我们能用各种各样的方式来教授黑人历史、非洲史、女性史、西班牙史、亚洲史。但是，我们一定要把它们当作历史，而不是一种虔敬纪念来教授。历史的功能并非促进族群自尊心的提升，而是更好地理解世界、理解过去；冷静地分析、判断和展望；尊重不同文化和传统，并毫不畏惧地捍卫那些使历史研究自由成为可能的普适价值，诸如宽容、民主和人权思想，等等。

105

四　美国的分裂

自尊心低下是一种沉疴，根本无法通过了解自己族群的辉煌过往而治愈。在精神病学都无力回天的情况下，历史不太可能在这方面取得成功。非洲中心论事实上是一种对当前社会种种残酷且代价高昂的挑战的逃避策略，这些挑战包括对更安全的学校、更好的师资力量、更好的教育资源和更充裕的教育投资的需求；维系家庭稳定以便培养自律与充满雄心壮志的孩子们的需求；创造更多就业岗位、提高收入从而为家庭稳定奠定基础的需求；制止毒品和犯罪负面效应的需
106 求；当然还涉及克服潜藏在美国社会各个角落的种族主义的需求。威廉·拉斯伯里对自己的同胞说过：“当务之急不是去回首那些我们从不知晓的文化，而是对我们所处的文化表达需求。”

（一）

来自各族群的怨气，特别是非洲中心论，不单转移了人们对现实需要的注意力，且使相关矛盾愈演愈烈。最近，黑人、棕色人种、红色人种、黄色人种等族群问题的上纲上线使一种情形死灰复燃，即一个社会分裂为多个种族群体，而早在熔炉时代，美国人曾普遍认为共和国已经安然度过了该阶段。盲目的族群狂热夸大了各族间差异、加剧了仇恨和对立，也加深了种族之间、民族之间的隔阂，这最终将导致自怨自艾和自我隔离。

现在论及黑人处境时已经提出了一种颇为合理的观点，认为应该采取措施使他们实现重组和自力更生，这是他们在平等原则基础上融入有机结合的社会的准备步骤之一。有人认为，无论立足何处，融入过程都意味着向白人所制定的种种标准缴械投降。于是，明确种族和文化自豪感对于真正实现融入而言不可或缺。人们能够把这个视为心理层面的要点，然而文化层面亦可如此吗？

美国黑人世世代代在美国文化的浸染中成长，反之，他们也对美国文化影响颇深、贡献重大。在美国生活了三百年后，黑人的“自我非洲化”（Self-Africanization）蠢蠢欲动。非
洲中心论在某些族群理论家的视域下意味着恐欧症、分离主 107
义、排外情绪、被害妄想和偏执情绪。最令人费解和意外的

竟然是黑人提出了黑白种族隔离的诉求。

首席大法官沃伦在记录学校整合判例时写道：“只因为种族的缘故把（黑人儿童）与和他们年龄、资质相仿的儿童区别对待可能会导致他们内心的自卑感乃至在社区中地位低下，这些可能会对孩子们的心智造成永远难以平复的创伤。”四十年中社会原则似乎绕了一个圈，融合给人们带来自卑感，反倒是分离才能疗愈心灵。

如果黑人教育家费利克斯·博阿滕得偿所愿，分离主义的复兴可能在早期就已经开始了。博阿滕辩驳称：“使用标准英语作为唯一的教学语言加剧了‘去文化’的进程。”一种为少数族裔儿童准备的“文化相关型课程”定会承认“他们带到学校的家庭或社区方言”。（这里务必提及，不是所有的黑人教育家都像他这样打算从孩提时代便给黑人孩子设下障碍。克利夫兰州立大学的贾尼丝·黑尔-本森说道：“会讲标准英语已经成为黑人孩子在美国社会实现向上流动的必要技能，且应该在儿童早期进行教授，这显然是个无可辩驳的事实。”）

如果说有任何教育机构应该具备把个人以友好的、公民团体的形式组织起来的功能，那么答案非大学莫属。然而近年来，校园内充斥着多个族群组织，该现象令人感到震惊和不安。

人们可以看到黑人宿舍、黑人学生会、黑人兄弟会和姐
108 妹会、黑人商会和法律协会、黑人同性恋团体、食堂里的黑人专属餐桌，等等。宾夕法尼亚大学为黑人学生入学提供的

配额为 6%，且有专门为他们定制的学生年鉴。该校一位教授表示，如今的校园拥有“贝鲁特式的文化多样性。这里有独立的武装力量，黑人孩子不与白人孩子混同，亚裔自行其是，压迫成为凸显自身地位的伟大标识”。1994 年，布朗大学暂停了“主题”小屋的推广，其行政副校长表示，“我们不希望看到校园巴尔干化”。

一个半世纪以来，欧柏林学院一直是种族融合办学的典范。但《新共和》杂志编辑雅各布 · 韦斯伯格报道说：“欧柏林的学生越来越倾向于在思考、行动、学习和生活方面各自抱团。”亚裔住在亚裔之家，犹太人住在“J”之家，拉丁裔住在西班牙之家，黑人住在非洲遗产之家，外国学生也有自己的第三世界之家。甚至是男女同性恋和双性恋联盟也依据种族和性别分裂为不同小团体。“最终则呈现出一个界限分明、相互隔离的世界。”

对于那些面临严酷、全新挑战的少数群体而言，抱团行为是一种可以理解的反应。但是制度化的分离主义却不然，它只会凸显种族差异、加剧种族关系紧张。“特定活动被认为贴上了黑人或白人的专属标签，”中央密歇根大学的一位黑人学生介绍说，“如果你不参与那些黑人活动，就会被排斥。”罗格斯大学的黑人人类学家塞克尼希亚 · 福德姆近期研究表明，导致黑人在校成绩不佳的一个重要原因是他们担心学术表现优异会被认为是一种背叛行为，是屈从于白人世界的表现。福德姆同时说：“在黑人社区的某些群体中似乎 109
出现了一种文化取向，即把在学校中接受学术训练定义为

‘扮演白人’。”

好斗分子进一步认为，因为只有黑人才能对黑人的过往感同身受，因此只有黑人才有资格教授黑人历史和文学，这就跟一些女权主义者相信只有女性才配教授女性历史和文学别无二致。根据加州大学伯克利分校教师预算委员会的说法，“真正的多样性”要求课程内容与教授本人的族群和性别身份相符。

“只有黑人才能教黑人、撰写黑人历史”的信条不可避免地导致黑人只能教授和撰写黑人历史的教条，也自然而然地衍生出一个推论：华裔只能教授中国历史、女人只能教授女性史，等等。小亨利 · 路易斯 · 盖茨批评“学生和教职员工围坐在一起探讨白人是否能像黑人那样思考的隔离项目”。至于那种宣称黑人研究的“神秘感”就在于要求探索其中奥义的人必须是黑皮肤的说法，约翰 · 霍普 · 富兰克林简洁地指出，这种所谓的“神秘感”与“巫术”相差无几。

“巫术说”从学术领域蔓延到文艺界。剧院目前的一个要求是，演员必须与他们所扮演的角色属于同一族群。因此，演员权益协会试图阻止乔纳森 · 普赖斯在纽约扮演他在伦敦创作的《西贡小姐》当中的角色。该协会热诚宣布，绝不能容忍“白人演员扮演欧亚人的角色”。雪莉 · 麦克雷恩在电影《寡妇三弄》中饰演一名犹太女性，她说她的朋友贝
110 拉 · 阿布朱格“对我很生气……她觉得应该由犹太人来扮演这个角色”。

以上同宗原则同样适用于导演。于是，诺曼 · 杰威森担

任电影《黑潮》导演的提议被否决，只因为他肤色不对头。斯派克·李肤色吻合，故而获此职位，他随后将这一潜规则推而广之，宣称剧组更偏好前来试镜的黑人演员。无独有偶，优秀的黑人剧作家奥古斯特·威尔逊坚持只让黑人导演负责他的戏剧《藩篱》，“我们回应世界的方式不同，”他说，“我们对宗教看法有别，社会交往方式迥异。我们对艺术风格和语言持不同观点。我们有不同的审美观……这份工作需要一个与美国黑人文化有共同特点的人……我们来定个规矩，黑人不导演意大利电影；意大利人不导演犹太电影；犹太人不导演美国黑人电影。”

根据威尔逊上面提到的规矩，不就意味着只有挪威人可以导演易卜生、只有丹麦人可以扮演哈姆雷特吗？这将是多么可怕的规则啊！就像乔纳森·普赖斯在《西贡小姐》中的角色扮演引发争议时调侃的那样，如果同宗原则占上风，“我的余生将只能扮演威尔士人了”。即使是自以为是的演员权益协会也没能把该原则在黑人演员摩根·弗里曼及丹泽尔·华盛顿身上贯彻到底，因为当《西贡小姐》名噪一时时，他们正在纽约出演莎士比亚的戏剧（而且演的还不是《奥赛罗》[1]）。《华尔街日报》尖酸讽刺称若上述原则真成为主导，那么不仅仅是白人，或许那些残疾人更应该抗议健全人丹泽尔扮演了理查三世一角，毕竟理查三世是 111
个驼背。

1　该剧主人公奥赛罗为黑人（摩尔人）。

对于华裔演员看到瑞典人（如华纳·欧兰德和尼尔斯·阿斯瑟）扮演中国角色时的不满情绪，有人表示同情，当然也有另一些人为非白人演员如今在舞台和荧幕上的突破感到高兴。但是所谓的同宗原则难道对演员的表演艺术没有一丝亵渎吗？毕竟，表演不就是对伪装的训练吗？

一个演员所面临的最大挑战便是登台完成角色创作，这些角色可能与现实生活中演员自己的真实状态截然不同。这实际上也是演员最大的成功。然而种族主义的限定不仅否定了表演艺术的本质，同时也否定了导演的才能。譬如只有瑞典人才可导演斯特林堡的戏剧、只有俄国人才可导演契诃夫、爱尔兰人才有资格触碰谢里登或萧伯纳、英国人才能导演莎士比亚等说法的荒谬之处不言而喻，而且如果付诸实施，将使戏剧艺术深陷困境。换言之，同宗原则是一种排他性原则，虽然声称惠及少数族裔群体，实则遗患不浅。

蜚声遐迩的黑人社会心理学家肯尼斯·班·克拉克曾用自己的研究成果影响最高法院对校园融合一案的裁断，他坚决反对那种观点，即坚称白人、黑人必须被隔离开，“因为他们各自代表了不同的文化，而那些文化就好比油与水一样，难以融合”。克拉克认为，这就跟白人种族隔离主义一直以来的论调别无二致。他还补充称：“没有任何证据表明，原先
112 在种族关系中扮演受害者的群体要求或敦促进行种族隔离对人类所造成的内在危害比先前主体民族这么做造成的危害要小。”

（二）

分离主义的冲动绝非仅限于黑人社区。另一个突出表现的是双语运动，它看似主张为所有母语非英语者谋福利，但实际上是一个彻头彻尾的西班牙裔美国人项目。

双语制在美国历史上也不是什么新鲜事儿。在宪法通过七年后，一项旨在同时用德语和英语印刷三千套联邦法律的提案在众议院被否决，反对者只占微弱多数。（这一事件后来被科林·罗斯等纳粹鼓吹者神化，称之意味着德语几乎取代了英语，成为美国的官方语言。）十九世纪，新移民在自己家里、教堂和报纸上继续使用了好一段时间家乡话，双语公立学校也不例外，直到差不多度过了文化适应期以及第一次世界大战不鼓励使用英语之外的语言为止。

近年来，族群狂热与来自西班牙语国家的移民潮相互裹挟，为双语制的拓展注入了新的动力。该体制的最终目标是完成过渡，让非英语国家的孩子尽快从双语班转到全英语班。1968 年的《双语教育法》为此提供了指导方针和资金；1974 年最高法院对刘氏诉尼科尔斯案（一个有关讲中文 113
的案件）的判决要求学区为不懂英语的儿童提供特殊课程。

令人叹惋的是双语计划的结果事与愿违。双语运动既塑造了一个追求建立双语帝国的教育游说团体，也孕育了一个倡导维护西班牙裔选民既得利益的政治游说团体。因此，当前的双语教育更多的是为了保留西班牙语，而不是教英语。然而，民调一再显示，拉丁裔父母希望他们的孩子接受英语授课。许多人抗议说西班牙语课程上孩子们不该继续使用西班牙语名字。正如非洲中心论和族群狂热一样，双语主义来自精英而非大众的隐忧——默达尔称之为“浪漫的族群”或曰政治化的族群。

虽然双语主义的制度化之路走不通了，却由此助长了自我封闭的族群聚居（self-ghettoization）现象，并进而加剧了种族矛盾。西班牙裔公民领袖小阿尔弗雷德·马修认为双语制“只是鼓动了西班牙裔聚居一处，但对他们的融入没什么帮助”，而且会“在稀缺资源的激烈竞争中助长那种仇视他族（比如黑人）的情绪，从而使得西班牙裔进一步自绝于更大范围的社会”。

使用非英语的人在美国注定只是二等公民。理查德·罗德里格斯就此评论道：“在一个双语制的美国，讲外语的穷人其实是最大的输家。”他随即回忆起自己的童年往事：“听到老师用西班牙语跟我交谈确实会使我感到非常愉快，但同时
114 也会使我对学习公共社会普遍使用的语言产生拖延心理……实际情况是只有当我以美国人而不再是他乡中的异乡人自居和思考时，我才能够寻求作为该社会完整、独立的个体所必需的权利与机会。”

单语教学为更广阔的世界打开了大门。纽约州州长马里奥·科莫最近回忆说：“我八岁左右才会说英语，进入公立学

校时有很大的心理阴影，给我留下了深刻印象。”当然，不管是否有心理创伤，公立学校的确教给了科莫那一代政客非常必要的英语技能。

然而，马萨诸塞大学一位教授告诫罗莎莉·佩达利诺·波特：“教说着其他语言长大的孩子英语不失为一种政治压迫”，而这位教授恰恰凭借其多年积累的丰富双语教学经验出版了大作《花言巧语》。波特的反驳非常令人钦佩：“当我们成功帮助学生们流利使用主流语种时，实际上是在赋予而不是剥夺他们力量。”

双语主义的潜在威胁触发了抗议风潮，其诉求是敦促有关方面尽快出台宪法修正案，确定英语为美国的官方用语。截至 1997 年，二十二个州有类似法律，1996 年众议院甚至对修正案草案进行过表决（时间正好在有关是否应该去除美国硬币背面 *e pluribus unum* 字样的严肃讨论之后）。

宪法修正案这个主意糟透了。显然，但凡美国公民都应该懂英语，与此同时如果所有美国人都会第二门语言也是件好事儿。但英语绝对不是那种正在消亡、需要为其存续而斗
争或需要采取激烈手段来捍卫的语言。英语在全球范围内独 115
占鳌头。莎士比亚时代有四百万人说英语，如今该数字飙升至十亿。英文书籍比任何其他语言出版的书都多。更讽刺的是，英语即将成为二十一世纪的通用语。也就是说那种认为英语应该在美国受到法律保护的观念惊人地暴露出某些人对英语发展前景缺乏信心。一位国会议员说：“认为莎士比亚的语言必须得到政府的帮助方能存续，这是对该语言本身的侮

辱。”官方语言运动只会制造更多的族群紧张和怨恨。

尽管如此，对于美国这样一个高度异质的国家，共同的语言堪称必要的黏合剂。真正关心英语未来的政治家不应该把精力集中在修宪上，而应该加快给新到移民提供英语培训的进程，毕竟他们中的大多数渴望尽快掌握英语，就算他们没有这个念想，他们的孩子们也会如此。不过现实情况是，我们大城市的英语课往往人满为患，有些机构甚至通宵营业。据纽约扫盲援助中心的数据，1997 年 3 月，三万五千名纽约人报名参加了英语课程，另有三万人在等候名单上，亟待入学。这种压力迫使纽约公共图书馆通过抽签来选择英语课程的申请者。

教文盲、新到移民和公民识文断字还面临一个基本问题。据统计，1900 年美国是世界上识字率最高的国家，如今在联合国关于此问题的排名中，美国仅位列第四十五位，而
116 在当前，识字的重要性超过以往任何时候。毫无疑问，语言培训项目需要大量资金支持，而宣布英语成为美国的官方语言只不过是几个字的事儿，二者间如何抉择恰恰成为对立法责任的一个很好的考验。

（三）

分离主义者冲动的最可怕之处在于会使对立的群体之间相互使用卑鄙手段。伟大的神学家莱茵霍尔德 · 尼布尔写

道："人与人之间缺乏人道的主要根源，似乎是因为一些人对其他人的普遍责任感为部落所限制。"自古以来，部落矛盾造成的专横、恐惧、仇恨和杀戮比其他任何一种动因都要多。

受迫害最严重的黑人（至少在美国是这样）或许是最易走向偏执的——不过需要牢记的是即使偏执狂，也可能有真正的敌人。毕竟考虑到我们现在了解的有关黑人被约翰·埃德加·胡佛[1]诬陷以及被联邦调查局行刑的情况，谁还会对黑人持续怀疑白人的意图横加指责呢？

即便如此，1990年《纽约时报》与哥伦比亚广播公司联合举办的民意调查结果还是令人触目惊心。60%的黑人受访者认为"是政府让毒品在黑人社区流通，此举是为了坑害黑人"这种说法千真万确，或者至少有迹可循。29%的受访者相信艾滋病病毒是种族主义阴谋者发明出来专门杀害黑人的。

当市长爱德华·科克邀请纽约市立学院的激进派黑人 117
教授伦纳德·杰弗里斯共进早餐、讨论其将全人类分为"冰族和太阳族"这一理论时，杰弗里斯应允了，"但他说他不会在我这儿吃任何东西，因为白人会试图毒害他，"科克说，"他来的时候，我请他尝尝咖啡和点心，他

1　John Edgar Hoover，美国联邦调查局第一任局长，任职长达48年，自威尔逊时代起，便把调查重点放在收集有关非裔美国人的情报而非反对黑人民权的美国白人身上。1919年开始，胡佛领导下的联邦调查局将其对黑人组织的监视制度化。

拒绝了。后来我主动提出先替他尝尝，但他还是拒不进食。”

在其他场合，杰弗里斯曾透露：“根据观察，艾滋病病毒纯粹是实验室发明，被投放到特定人群中，毫无疑问这是重大阴谋中的步骤之一。”在杰弗里斯的一节课后，十名黑人学生告诉《纽约时报》的记者说艾滋病病毒和毒品确实是白人的阴谋。其中一位还说：“卡特总统执政时期出台的一份文件称，到 2000 年一千亿非洲人[1]必须被消灭。”另一位年长一些的黑人男子认为，“鉴于遭受严重摧残、在美国长大并了解该国奴隶制和种族主义的过往，作为黑人，你不可能不觉得艾滋病是某种实验、某种打击不受欢迎的少数族裔人口的阴谋”。

此类推测在纽约并非只是些看似激进的小道消息，“但凡让我在黑人听众面前演讲，”威廉 · 拉斯伯里作证说，“在问答环节的某个时候，肯定会有人问我是否相信有针对美国黑人的阴谋。不管话题是毒品还是失业，是辍学还是少女怀孕，是政治还是移民，这都无关紧要。我可以听到有关阴谋论的各种说法。”

黑人的事儿只是被害妄想情结中一个较为极端的案例，
118 即他们时常感到有人想要伤害自己，几乎所有少数族裔都会时不时被这种情结俘获。在一个倾向于凭借族群角力和竞争来圈定自己势力范围的社会中，相互猜忌和仇视不过是家常便饭。

1 原文如此，似有误。

（四）

理查德·罗德里格斯指出：“那个以融合之梦开启的时代却以对同化进程的不屑一顾收场。”现在的时尚是尽可能引人注目地彰显自己的异域风姿，而不是像约翰·昆西·亚当斯曾经强调的那样全然抛弃外国特征，永不回溯。族群狂热已经扭转了美国历史的进程，造就了一个由少数族裔组成的国家——或者至少是少数族裔代言人组成的国家，比起融入社会、群策群力，他们更热衷于宣布自己与眼前这个压迫性的、白人的、家长制的、种族主义的、性别歧视的、阶级主义的社会格格不入。族群意识形态造成了这样一种错觉，即从属于某一族群是最为基本的美国生存之道。

然而大多数美国人还是坚持首先将自己视为独立的个体，依附于某个群体只是第二位或屈居末流的定位。少数族裔对他们的辉煌历史和当前对美国社会做出的贡献感到自豪不会引起什么事端，但将社会依照固定的族群进行划分则助长了所谓的受害者文化和敏感过激情绪的蔓延。与此同时，当少数人呼声高亢、立场鲜明地宣誓效忠于某个群体时，无论这个群体性质是种族的、性别的、宗教的，甚至是比较少见的政治的（如法西斯主义），都会对用来维系
当下这个多元而又分裂的社会的、脆弱的国家认同纽带构成 119
威胁。

目前一种负面情绪俨然已经笼罩了我国的高等学府，而质询和表达的自由在这里本该是最不受约束的，公民权也应该是最受尊重的。近年来，管理大学的差事可不是那么有趣，现在的大学生在排斥他人、骚扰、恶搞、谩骂伤人方面都显得肆意而又残忍。据此，少数族裔学生因为某些众所周知的原因往往身陷脆弱与恐惧之中，种族裂痕、污蔑、侮辱、诽谤给学校出了难题。密歇根大学的校园里出现了模仿联合黑人大学基金会口号的海报，上面写着“浪费思想是件可怕的事情——尤其是浪费在一个黑鬼身上”，与此同时，正派的白人学生纷纷参与到反对白人霸凌和暴力的抗议活动中来。

于是，校长和院长们开始扪心自问：保护言论自由和防止种族迫害究竟哪个更重要？奥利弗·温德尔·霍姆斯大法官说，宪法体现了“思想自由原则，但并不意味着仅仅给予那些我们认同的思想以自由，而是说也给那些我们所痛恨的思想提供自由发展的空间”。那么设若我们所憎恶的思想与宪法所推崇的公平正义理念相背离又该如何呢？难道宪法第一修正案所谓的保护平等自由就此作罢吗？换言之，在言论和行为之间到底应该如何清晰划线？

人们对那些身陷困境的大学管理人员怀有一定的同情，他们正尽其所能，通过制定规章制度限制种族主义和性别歧视言论，向少数派学生施以援手。美国公民自由联盟的数据
120 显示，截至 1991 年 2 月，已有一百多家机构这么做了。人们由是可以理解，为什么一些不知如何照顾少数派学生的利益或一味追求息事宁人的学校管理者会接受学生当中的某些激

进分子极力鼓吹的隔离方案，甚至为其提供资助。然而，肯尼斯·班·克拉克的评论发人深思，他表示："迅速、慷慨地接受黑人分离主义的自由派白人必须想想自己这么做出于何种考虑，而不单纯是为了最低限度地寻求解脱。"事实情况是，尽管发人深思，但学校管理层还是倾向于鼓励种族和族群的校园集聚现象，恰如加州大学伯克利分校、密歇根大学，欧柏林学院，马萨诸塞大学阿默斯特分校所做的那样。迪内希·德·索萨（他本人是印度裔）指出："上述学校的行为是最容易导致种族关系紧张的。"伯克利的社会学家特洛伊·达斯特研究表明，学生中的群体性分离主义与种族敌意之间存在密切关联。

那些本来更愿意独善其身的温和派在霸凌之下不得不加入某个群体，群体致力于为他们提供平台的同时也带来了所谓的"我们—他们"排他情结。学校教员由此让步，端正意识形态的准则由此应运而生，其中心思想即任何有可能冒犯少数群体的话语都不能宣之于口（很显然，这意味着任何冒犯欧洲血统白人的话都可以随便说）。

史密斯学院学生事务办公室为那些"对自己受到压迫"不甚敏感的人特意发布了一份公告，逐一列出可能发生的压迫类型。下面是这份罪状清单里的几个例子：

体能歧视：当下健全者对残疾人的压迫。

异性恋主义：对异性恋以外的性取向的压迫，如男 121

> 同性恋、女同性恋和双性恋。这种压迫可以通过不承认它们的存在来实现。
>
> 容貌歧视：以貌取人；自行建立判定是否美丽或有魅力的标准，进而通过刻板印象和以偏概全等对那些符合或不符合上述标准的人实施压迫。

诸位试想一下他们会在北安普顿开玩笑吗？

这些准则暗含着现在看来有些可笑的“政治正确”标准，它一开始只是约束学生不文明行为的手段，现在逐渐演化为控制课程教学和教师的一种正式或非正式的方式。克拉克大学要求教授们做课程设计时说明“多元主义（少数族裔、女性等）的观点和思考如何被整合进课程之中且以何种方式体现出来”。一位哲学家拒绝回应这样的要求，质疑称，“如此一来，学校是不是还要让教授说明热爱祖国和回归家庭的价值观是如何被融入课程设置中的”。

哈佛大学两位著名的美国历史学家伯纳德·贝林和斯蒂芬·特恩斯特伦开设了一门人口历史方面的课程——《美国众生相》，哈佛大学校报《哈佛深红》随即刊登了批评两位教授“缺乏种族敏感性”的文章，黑人学生甚至将个中不妥逐一列举，书面呈上。作为族群历史的倡导者、《哈佛美国族
122 群百科全书》编者的特恩斯特伦竟然被指控有种族主义倾向，控诉如下：他使用“印第安人”称谓而不是“美洲原住民”；他还提到“东方”宗教，而这一形容词暗含“殖民主义

和帝国主义”之意；另外，贝林推荐阅读南方种植园主的日记，却没有推荐有关黑奴的叙事，如此种种，以单倍行距足足写满六张纸。

此情此景不禁让人想起乔·麦卡锡时代的右翼学生，他们常常出没于哈佛自由派教授（比如我）的教室里，希望从讲台上嗅到些许马克思主义的气息。最终特恩斯特伦决定放弃这门课程，这标志着政治正确的胜利。

那些敢于为自己的信念挺身而出的人往往最易招致诽谤。当前的众矢之的是纽约大学的黛安娜·拉维奇，她不仅是研究美国教育的一流历史学家、学校改革的开明倡导者，更是文化多元主义的坚定拥护者。她致力于理性、温和地澄清事实，坚持和解而不是激辩。或许她的女性身份让族群沙文主义者认为有机可乘，于是不择手段地恐吓她。尽管如此，她毫不退缩，仍坚持冷静而清晰地揭露族群中心主义的危险。

拉维奇不可饶恕的冒犯之举似乎在于她对“合众”与“多元”的隐忧——在她看来，历史应该帮助我们更好地理解曾经的凝聚力纽带如何促使我们形成一个国家整体而不是一些暴躁的、无依无靠的群体。因为到最后，在族群狂热视角下，共和并非一种促进个体团结的政体，却成了多种截然各异、不可侵犯的文化的简单聚合。当一个学生发送备忘录给宾夕法尼亚大学的“多样性教育委员会”提及她对“个体 123
的深切尊重”时，学院某管理者回复她时专门给个体一词打上下划线，称“如今这是一个敏感词汇，会被很多人认为是种族主义者。主张个人凌驾于群体之上的论点，最终赋予了那些属于最大规模或主流群体的‘个体’以特权”。

当前对族群概念的神化事实上威胁着“维系社会凝聚力”的传统观念。多元文化的狂热推崇者拒绝接受对共同理想做出共同承诺这一霸权主义概念。可见这距离克雷夫科尔的“新民族”、托克维尔的“公民参与”、爱默生的“熔炉”、布赖斯的“惊人的溶解力”、默达尔的“美国信条”等论述已经偏离了多远。

然而，鉴于并非同根同源，当初使美国人民紧密团结在一起的，恰恰是对民主和人权理想的共同坚持，这些理想在实践中经常遭到违背，故而永远激励我们缩小实践和原则之间的差距。

很显然，对把我们凝聚成美国人的公民原则矢志不渝同对特定的宗教、族群、种族或性别团体忠诚不二（如果愿意的话）之间并不冲突。人们珍视自己的传统、仪式、组织、习俗、礼节、假日、游行、美食，这是美国特质的重要组成部分，这些特质为我们的社会增添了丰富性和质感。

美利坚综合体具有不可避免的盎格鲁-撒克逊色彩，但它
124 早已不再是盎格鲁-撒克逊统治的一种实践。共和国体现了超越族群、宗教和政治边界的理想。这可以说是在一段时间内相当成功的实验，为来自不同种族、宗教、语言和文化的人创造了一个共同的身份认同。但是，只有美国人继续追随此目标，该实验才有可能不断取得成功。如果共和国现在与华盛顿曾经提出的“一个民族”的既定目标背道而驰，那它的

未来将会如何？——民族共同体的瓦解？种族隔离？巴尔干化？还是部落化？

西奥多·罗斯福曾指出："毫无疑问能置这个国家于死地、使之绝无可能作为一个国家整体继续维系下去的方法之一，就是放任它沦为诸多心存芥蒂的族群之间的角力场，或成为坚决保留本族特性的德裔美国人、爱尔兰裔美国人、法裔美国人、斯堪的纳维亚裔美国人、意大利裔美国人之间错综复杂的缠斗所。"七十五年后，与罗斯福时代相比，族群数量只多不少，如此一来他当年的判断显得更有说服力了。但对罗斯福而言，现如今形形色色的多元文化理论家们的梦想堪称噩梦。如果他们的梦想得以实现，如果各个族群仅聚居在他们的"一亩三分地"内，以维持多样性的神圣之名把自己同社会其他部分隔离开，真的会铸造一个更为平等、和平、强大、统一且幸福的国度吗？

125

五　合众为一？

族群狂热的不断蓄积瓦解着美国人的身份认同。此类攻击由移居美国的非英裔欧洲人（“难以融入的族群”）率先发起，打击目标是潜藏于美国文化内里的英国根基。后来，更为晚近且规模更大的，实际上是非欧裔美国人针对美国文化中欧洲基因的攻击。正如西奥多·罗斯福的预言所揭示的那样，其实欧洲裔移民也时常为其内部的敌对和仇视感到恐
126 惧，人人自危——全然不是秉承族群中心主义的分离主义者口中“单一文化”群体应有的样子，毕竟二十世纪两次世界大战就是在欧洲国家中爆发的。把颇为多样且相互对立的欧洲各族凝聚成单一社会本身就很困难，而非欧裔、非白种人的继续涌入使挑战更为严峻。那些非欧裔移民，或者至少是自我标榜的代言人则把对欧洲和西方的怨恨，在某些情况下甚至是仇视也带了进来，这些负面看法源自几代人对西方殖民主义、种族主义、傲慢、蔑视和残酷剥削的共同记忆。

（一）

非欧裔移民数量不断攀升会不会真的把美国变成一个“少数族裔占多数”（majority-minority）的国家，从而使欧洲中心主义在二十一世纪宣告过时？此问题恐怕正是一些美国白人害怕发生的，却也是一些非白人的希望（有时也会是威胁）所在。

一九八〇年代，三分之一的人口增长因移民而起。从该世纪的第二个十年开始，进入美国的移民数量比先前任何一个十年都多。与此同时，新移居美国者的构成也发生了巨大变化。1910 年，近 90%的移民来自欧洲。到了一九八〇年代，超过 80%的人来自亚洲和拉丁美洲。

诚然，生于国外的居民目前占全美人口不到 10%[1]，相较而言，罗斯福和威尔逊总统第一次对“带连字符的美国人”深表担忧的那个时代，该比例几乎达到 15%。特恩斯特伦教授由是怀疑所谓的“少数族裔占多数”国家可能永远没机会出现。另外，总人口中黑人比例的增速相当缓慢—— 1920 年 127
9.9%，1950 年 10%，1970 年 11.1%，1990 年也不过 12.1%。无论亚裔还是西班牙裔都不再追求那种大家庭模式，随着收入和通婚率的提升，家庭规模实际上在不断缩小。斯蒂

1　1990 年代美国人口普查局数据显示，当时出生于国外的居民占全美人口不足 10%，2020 年出生于国外的居民将近 14%。

芬·特恩斯特伦指出："如果现在的移民能像他们的先辈在世纪之交所做的那样，欣然接纳美国模式——现在看来确实如此，就全然不会有类似'少数族裔占多数'那样的困扰了。"

长久以来美国自视为那些受压迫和迫害之人的避难所，并由此惠及自身和全世界，故而任何收紧移民政策的做法都是对某些美国精神的侵犯。没人想当"一无所知人"。然而，对移民全然不加控制是不可能的，所以设置控制尺度就成了美国民主注定面临的问题。二十世纪我们已经三次调整过准入原则——从1924年的"民族来源"[1]到1965年的"家庭团聚"[2]再到1990年的"必要技能"[3]。而移民政策的未来则取决于同化进程是否有能力继续做过去已经做得很好的事情，那就是引导新的移民接纳那些有助于提升民族凝聚力的语言、制度与政治理想。

（二）

欧洲真的是万恶之源吗？欧洲对不受法律保护的弱小族群犯下的滔天罪行使之臭名昭著（更不用说那些对欧洲同胞

1　1924年，美国颁布《1924年移民法》（Immigration Act of 1924），又称《民族来源法》（National Origins Act），除禁止中东、东亚和印度移民外，该法案进一步限制了南欧和东欧移民。

2　1965年，美国国会通过《移民和国籍法案》（Immigration and Nationality Act of 1965），优先接纳那些在国内有亲属的移民。

3　1990年，美国国会通过了《1990年移民法案》（Immigration Act of 1990），标志着美国技术移民制度走向成熟。

犯下的更严重的罪行——诸如希特勒主义）。即便如此，这 128
些罪行也无法改变其他史实：欧洲是美利坚合众国的发源地，欧洲思想和文化塑造了共和国，美国是欧洲文明的延伸，近80%的美国人拥有欧洲血统。

欧文·豪，显然他不是一个声名狼藉的保守主义者，但他照样有胆量写出“《圣经》、荷马、柏拉图、索福克勒斯、莎士比亚都是我们文化的核心”这样的句子，一位出离愤怒的读者（“过去一年中刚从阿默斯特学院毕业”）回应道：“欧文·豪列出的名单里怎么没有出现《古兰经》、《薄伽梵歌》、儒家学说等同样为部分美国公民所推崇的重要文化遗产呢？”没人怀疑以上作品的重要性，也没人怀疑它们对其他社会的深刻影响。但是对美国而言是怎样的呢？那些逝去的欧洲白人男性在形塑我们的文化过程中曾经扮演了非常重要的角色，这或许太糟糕了。但事实就是如此，没人能抹去历史。

这些朴素的史实而非所谓的帝国主义阴谋恰到好处地给美国校园的欧洲中心主义提供了注脚。真有人会坚持辩称教师有必要抑制美利坚文明的欧洲起源吗？还是说学校应该为了20%的学生而忽略那另外80%的学生？毫无疑问，这20%的学生以及他们族群的贡献理应被融合进课程设计之中，这恰恰是文化多元主义的要义。

然而那些自我标榜的“多元文化主义者”往往只是秉承族群中心主义的分离主义者，他们在浩繁的西方遗产中仅看到了罪孽，由此而言，西方传统本身充斥着种族主义、性别
歧视、“阶级歧视”、霸权主义、无可救药的专制与压迫。西 129

方文化的广泛传播并不是因为什么先天禀赋优势，而是随西方国家的权力延展而传播的。也就是说，欧洲古典乐风靡全球不能证明该乐种极富吸引力，而是“帝国主义模式的证据，即被征服者的文化被征服者同化”——有人认为美国爵士乐和摇滚乐的传播亦为同理。

这种敌意导致斯坦福大学爆发了著名的讨伐西方文明类课程的运动（“嘿嘿，嚯嚯，西方文化该退场了！”）。根据美国国家人文基金会的数据，78%的美国高等院校学生不需要学习西方文明史就可以毕业。另有许多机构，包括达特茅斯、威斯康星、曼荷莲女子文理学院，规定学生必修有关第三世界或族群研究的课程，却不要求学习西方文明相关内容。这种情绪试图将美国人从罪恶的欧洲遗产中剥离出来，转而全身心投入非西方文化中，以求得救赎。

（三）

此类情况的一个奇怪之处在于人们大多在使用西方人发明的思想武器来攻击西方传统。设想一下当代的马克思主义者、解构主义者、后结构主义者、激进女权主义者和非洲中心主义者常常把哪些名字挂在嘴边？马克思、尼采、葛兰西、德里达、福柯、拉康、萨特、波伏瓦、哈贝马斯、提出
130 “批判理论”的法兰克福学派等——统统都是欧洲人呀。对西方文化的“揭露”、“去神话化”、“去殖民化”、“去霸权

化”等凌厉攻势依赖西方特有的批判性分析方法来完成——这无疑印证了西方传统内在的救赎潜力。

就算是非洲中心论者也下意识地接受了那些他们本来声称必须抗拒的特定欧洲中心主义原则。威廉斯教授曾评论道：“黑人学者一边贬低西方文明，一边却热切希望证明这些文明是自己祖先的智慧结晶。”而且就像弗朗茨·法农和利奥波德·桑戈尔这样作品在非洲中心论者的阅读清单上占有重要位置的学者，也基本承袭了他们所不齿的西方学术思想。颇有辩才且声称为全世界非洲劳苦大众发声的法农把法语当作母语，而其分析则立足于弗洛伊德、马克思和萨特。桑戈尔，黑人文化认同的倡导者，用法语写作，以法国模式为蓝本创设了塞内加尔的教育体系，并且当他卸任塞内加尔总统一职后，选择在法国度过退休生活。

由此可知，西方霸权既是抗议之源也是力量之源。实际上，非洲中心论课程能够强势进入美国校园，更不用说解构主义者、后结构主义者等对大学英语系和比较文学系的征服，这些本身就是对“文化霸权”极端理论的驳斥。当然，葛兰西所言极是，主流价值观的确在任何社会中发挥主导作用、不断渗透，但它们并不像某些左派学者声称的那样，一手牢牢掌控着美国的民主。

激进派学者谴责“西方经典”是欧洲国家的压迫工具， 131
蓄意助长了白人的种族霸权、男性的性别霸权和资本主义的阶级霸权，用一位教授的话讲：“就是要从权贵阶层的视角重新书写历史和塑造当下。”或者借用另一位神学伦理学教授优雅一些的表述，就是："伟大文学的经典是由圣公会那帮高级混蛋创造的，目的是为了维护他们所处的社会阶层。"

可怜的旧日经典不仅被视为阴谋论，且被诟病一成不变。但实际上没有什么比这些经典的变化更有规律且更靠得住了：例如，可以尝试比较埃德蒙·克拉伦斯·斯特德曼在《美国诗人》中推介的诗歌经典与1935年或1985年的经典美篇（无论朗费罗[1]和惠蒂埃[2]发生了什么），或者是回忆过去半个世纪有关美国历史经典文献的重大变化（现在谁还读比尔德[3]和帕林顿[4]？）。批评家们对上述经典显然没有原则性反对，他们不过是想以旧换新。毕竟，经典只意味着因为需要读的篇目无法穷尽，于是你把一些书设为优先级而已。

更奇怪的是，那些严肃的马克思主义者，诸如马克思、恩格斯、卢卡奇、托洛茨基、葛兰西，对卢卡奇所称的"人类的经典遗产"倍加珍视。不过他们理应如此，因为大多数伟大的文学或历史作品都对正统观念具有深刻的颠覆性。想想当今塑造美国文学经典的巨匠们：爱默生、杰斐逊、梅尔维尔、惠特曼、霍桑、梭罗、林肯、吐温、狄金森、威廉·詹姆斯以及亨利·詹姆斯、亨利·亚当斯、霍姆斯、德

1　亨利·沃兹沃思·朗费罗（Henry Wadsworth Longfellow，1807—1882），美国19世纪最伟大的浪漫主义诗人之一、翻译家。

2　约翰·格林利夫·惠蒂埃（John Greenleaf Whittier，1807—1892），贵格会诗人、废奴主义者。

3　查尔斯·奥斯丁·比尔德（Charles Austin Beard，1874—1948），20世纪上半叶美国著名的历史学家，进步主义史学派的代表人物。

4　弗农·路易斯·帕林顿（Vernon Louis Parrington，1871—1929），进步学派另一重要史学家，强调经济利益对思想的决定作用，代表作是《美国思想的主流》（*Main Currents in American Thought*）。

莱塞、福克纳、奥尼尔。他们难道是统治阶级的走狗？是在 132
为特权阶层和有权有势的人辩护？还是美帝国主义的代理人？快得了吧！

现在是时候中止有关霸权的讨论了。如果霸权真像文化激进主义者声称的那样确实存在，那非洲中心论就永远不会有任何发展余地了，威廉·莱昂·费尔普斯[1]的继承人仍将执掌现代语言协会。

（四）

西方传统到底是不是因循守旧、泯灭人性呢？它对美国以及世界摆脱欧洲遗产是否真的有所助益？

毫无疑问欧洲国家曾做过一些可怕的事情，尤其是对其自身。但话又说回来，哪种文化没有呢？爱德华·吉本鞭辟入里，他说历史不过是人类罪行、愚蠢和不幸的登记簿。西方国家的罪行不比亚洲、中东或非洲国家的原罪严重多少。

即便如此，西方传统还是同其他文化传统存在本质性差别。不同之处在于西方传统包含着对理想状态的构想与实践，在这个过程中，他们不断揭露出自己的罪行且持续进行自我批判。没有任何一种文化把自我批评作为其存在的基础。换言之，与西方的罪行相伴而生的是他们给自己开出的

1　William Lyon Phelps，美国著名教育家及批判家。

自我救赎药方，从而触发了旨在结束奴隶制、提高妇女地位、废除酷刑、打击种族主义、促进宗教宽容、捍卫探索与言论自由或促进个人自由和人权等形形色色的伟大运动。

133 无论欧洲到底犯下了何种具体罪行，不容否认的是这片大陆同样是那些主张个人解放、政治民主、法律面前人人平等、宗教自由、人权和文化自由的思想的源泉，甚至是独特的源泉，而上述思想无愧为我们最宝贵的遗产，也是当今世界大多数人心向往之的。这些都是源自欧洲的思想，不是亚洲的、不是非洲的，也不是中东的，除非它们被别的地区全然采纳。

例如，探索和艺术创作自由是西方价值观之一。我们可以想一想各方对萨尔曼·鲁西迪[1]一事的不同反应：就西方而言那是对个人自由的攻击，令人难以容忍；但中东国家认为那是对践踏族群道德规范的罪人应有的惩罚。在集体主义文化中，个人主义遭到痛恨和嫌恶，对集体的忠诚凌驾于个人目标之上，社会学家说，全世界大约70%的人都信奉这种文化。

毫无疑问，西方文明没有理由因专制、迷信、部落主义和狂热主义等文化的捍卫者而产生负罪感。在这方面，非洲中心论尤其荒谬。西方国家或许不需要“太阳族”们有关高贵美德的说教，因为后者不仅长期奉行奴隶制——直到西方帝国主义将之废除（比如毛里塔尼亚和苏丹等一些国家至今还保留奴隶制）；还奴役妇女、一夫多妻、对女性施割礼；与

1　Salman Rushdie，印度裔英国文学家、作家。

此同时，不单对印度人和其他亚裔进行种族迫害，甚至连一些部落的非洲同胞也不放过；他们要不缺乏实施民主的能力，要不就是在意识形态上表现出对民主理念的巨大仇恨；他们生活在暴政与屠杀中；他们的伊迪·阿明[1]和博卡萨一度 134
极端残暴地践踏人权。非裔美国人基思·B. 里奇伯格，曾在《华盛顿邮报》非洲站担任了三年总编。有一次他看到坦桑尼亚一条河里漂浮着泡涨了的尸体，想必那是卢旺达疯狂屠杀的结果，他不禁感念："在那儿要不是有上帝庇佑……我……感谢上帝，我无名的祖先，戴着手铐和脚镣漂洋过海，活着出来了……谢天谢地，我是一个美国人。"

诚然，曾经的欧洲统治者们没有在帮助非洲走向自治方面做充分准备。可话又说回来，民主在任何情况下都很难在部落主义的、世袭的文化中生根发芽。长期以来，早在西方人侵非洲之前，这种文化赋予了酋长神圣的个人权威，并规定了全部落对酋长的一致服从。西方所谓的腐败在非洲大部分地区被认为不过是掌权者拥有特权的表现。竞争激烈的政党、独立的司法体系、自由的媒体、法治等均与非洲传统格格不入。

事实上，把阿尔及利亚妇女从必须佩戴面纱的习俗中拯救出来的不是阿尔及利亚人自身，而是法国人（令弗朗茨·法农大为光火的是，他认为去掉妇女面纱约等于象征性的强奸）；再如在印度，是英国人而非印度人叫停了可怕的

1　Idi Amin，乌干达第三任总统，军事独裁者。

殉夫之俗，这种仪式要求寡妇们在丈夫的葬礼上自焚。同样也是西方而不是非西方文化开启了废除奴隶制的改革运动，此番改革遭到强大阻力，尤其是在伊斯兰世界。近来，许多勇敢和充满人性关怀的非洲人正为建立美好的社会而奋斗，
135 他们的动力来自西方的而不是非洲的理想。可以说，白人的负罪感被推波助澜得有点过了。

虽然西方国家对人权的承诺无疑也缺乏连续性，难言完美。但他们对此树立了伟大理想，并且确实在为之不懈努力，尽管只是星星之火。现如今，正是西方的民主传统吸引着各大洲、各种信仰和各种肤色的人们，并赋予他们力量。

（五）

克雷夫科尔所谓的“伟大的美国庇护所”，如华盛顿所言，即美国向生活在被压制、被迫害中的世界各国人民敞开怀抱，这从一开始就等于是在多族群社会进行一次试验，但比我们脑海中闪过的那些试验都要大胆。那些在一个主权国家范围内融合不同族群、语言或宗教团体的失败尝试不在少数，现今的新闻头条大多都在讲一个或另一个多族群国家面临重大危机或即将宣告解体。迄今为止，美国试验的幸运之处在很大程度上要归功于大熔炉的愿景。“没有任何一个国家，”玛格丽特·撒切尔曾说，“能如此成功地将不同种族和国家的人融合在一种文化中。”

但即便是在美国这样的国度，族群理论家也不乏影响
力。他们与旧日美国的同化理想格格不入；呼吁共和国不要 136
从个人的角度而是从族群身份的角度思考，并将政体的重心从个人权利转移到群体权利之上；他们在把美国变成一个种族隔离程度更高的社会方面取得了一定进展；同时也尽最大努力鼓动受过高等教育的一代站在欧洲和西方传统的对立面。他们在公立学校倡导的非洲中心论或双语课程设置为少数族裔儿童精心设下了一个局，使他们自绝于美国主流社会。他们还告知各少数族裔说西方民主传统不适合他们。他们诱导少数族裔用受害者视角看待自己，靠各种借口生活，拒不承认少数族裔的抗议与白人的内疚感有力结合，已经为他们开放了各种机遇。他们制造出一种相互指责、彼此仇恨的气氛，并切实加剧了美国社会生活的碎片化。

然而，我始终相信，那些抨击维系共同理想和建构同一社会等理念的运动注定以失败而告终。默达尔所言极是：尽管族群性破坏力不小，但它的高涨只是由浪漫主义理论家和不择手段的投机者（他们为自己群体代言的诉求被媒体不加思考地接受）激起的一种肤浅的热情。对于这种族群风尚是否确实表达了少数族裔本身对隔离的渴望，我深表怀疑。事实上，这些空想家越是鼓吹族群分离主义，对自己群体的吸引力就越小。迄今为止，他们在恐吓白人多数派方面做得比改造自己的拥护者要好得多。

政治学家、移民问题专家劳伦斯·富克斯在他的优秀著
作《美国万花筒》中写道：“历史上没有哪个国家在管理族 137

群多样性方面如美国这般成功。在此之前，没有任何一个国家把多样性本身作为国家认同和统一的源泉。”第二句话解释了第一句所提到的成功，而把多样性转化为大一统的机制正是“美国信条”，公民文化——一种同化功能非常强、讲求统一的文化，如今遭到了严正挑战，经常被族群理论家嗤之以鼻。

一位历史学家的猜测是“美国信条”的源泉还没有完全干涸，美国化并没有失去它的魅力。许多来自少数族裔社区的子女仍然希望摆脱自己的族群身份，尽快搬到郊区，因为在那里，他们将感受到比七十年前更为宽和的包容氛围。当然也有另一些人，或许喜欢他们的少数族裔社区，但不认为外国血统和美国忠诚之间存在什么冲突。他们与多元文化主义者不同，不仅为自己独特的族群背景感到庆幸，同时也热衷于同其他美国人保有共性。在美国社会中，对成就和成功的渴望仍然是一股强大的同化力量，贡纳尔·默达尔的评价放在今天仍然适用：“美国少数族裔正在更广阔的社会空间内为平等地位而奋斗；相较而言，欧洲的少数族裔主要是为独立而战。”

族群认同往往流于浅表。社会学家理查德·阿尔巴对纽约州奥尔巴尼地区移民的子女和孙辈所做的研究显示，品尝祖传美食是最受欢迎的“族群体验”。尽管如此，只有不到一半的受访者选择尝试，与此同时只有1%的人保留了本族群
138 的日常饮食习惯。只有五分之一的人承认与自己的同族关系特殊；不到六分之一的父母会告诉孩子自己的族群出身；几

乎没有人能流利地使用昔日母语。“我们不得不承认如下结论，”阿尔巴由是写道，“对于绝大多数白人来说，族群经历是肤浅的。”

如果说相较而言，黑人的族群经历不像白人那么流于浅表，那也是因他们在美国的困苦生活而起，与对非洲的思乡之情无关。然而就算是最有理由愤世嫉俗、伤心绝望，并为自己国家奋勇作战的美国黑人，如果在收入和种族歧视方面获得一定保障，也会乐意搬到郊区生活的。发起城市暴动不是因为他们认同分离主义，而是因为他们想与白人一样平等享有各种设施和机会。

至于西班牙裔美国人，兰德公司的一项研究显示，在美国出生的第一代西班牙裔美国人英语说得很流利；超过一半的第二代西班牙裔完全放弃了西班牙语。1996 年的一项调查表明，在五项教育指标中，51%的西班牙裔家长认为学习英语最重要，11%的受访者给出的答案是学习西班牙语，仅 4%的人认为“学习西班牙语国家的文化”最重要。被问及希望本族孩子们在多长时间内学会英语时，63% 的人说越快越好；只有 17%的人认为他们的孩子应该先学西班牙语。当由世界各国作家参与的组织——笔会在纽约举办拉丁文学节时，拉丁裔作家总结道：“我们受够了种族隔离。我们宣称，我们是美国作家。”当专门供西班牙裔阅读的英语月刊《展望》询问读者他们最崇拜的历史人物时，华盛顿、林肯和西 139
奥多 · 罗斯福名列榜首，贝尼托 · 胡亚雷斯第四，埃莉诺 · 罗斯福和马丁 · 路德 · 金并列第五。有关族群楷模的调查结果不过如此。拉丁裔是随最近一次移民浪潮来到美国的，也是那些最容易重返家园的人。然而，他们中的大多数都希望先当一个名副其实的美国人再说。

安德鲁·哈克教授著有《两个民族：黑与白、分离、仇恨、不平等》，这本书极富阅读价值和劝诫意义。他曾经评价自己在纽约市立大学皇后学院所教班级里的新移民的孩子们说："绝大多数移居美国的父母打算定居此地，看着他们的孩子长成地地道道的美国人……这些家长几乎没有一个要求使用体现多元文化的课本或把独特的民族特性写进课程中，他们梦寐以求的只是让自己的孩子学业有成。"

对身份政治和族群狂热来说，更致命的是这样一个简单事实：许多美国人，更确切地说，可能是大多数美国人，都是混血儿。他们不认为自己仅属于某个单一的族群，而且各族的融合程度与日俱增。随便一份报纸上的结婚通告都说明，人们觉得与不同血统、宗教和种族的人结婚没什么大不了。例如，大量犹太裔美国人与非犹太教徒结婚，以至于犹太领导者不得不为美国犹太社区的未来感到担心。而日裔美国人当中与白种人结婚者远多于同本族人结婚者。再如，超过 70%的美洲印第安人与非印第安人结婚。在 1967 年最高法院废除禁令之前，十九个州纷纷禁止黑白通婚。现如今，黑
140 白通婚在黑人的各种婚姻类型中占比从 1970 年的 2.6%上升到了 1993 年的 12.1%，并且还在逐年上升。

对多元文化的狂热追捧让人们为了人口普查方便或倡导平权而把美国人按照族群或种族分门别类。但这种融合模式

反而引发了有多族血统的人的严正抗议，他们坚信自己有权拒绝被贴上特殊身份标签。1996 年，数千名混血美国人参加了在华盛顿举行的“多种族团结游行”，要求政府在 2000 年的人口普查中增加一个名为“多种族”的新类别。

无论人口普查局最终如何处理，融合进程都将延续下去。德里克 · 沃尔科特在 1993 年的诺贝尔奖获奖演说中谴责了欧洲的族群大清洗，他谈到在一些国家“公民会遵从自己的内心而非传统，选择与他族通婚，直到某刻他们的子孙后代发现追溯自己的家谱毫无意义”。美国就越来越向这个方向发展。泰格 · 伍兹——有四分之一的泰国血统、四分之一的中国血统、四分之一的黑人血统、八分之一的白人血统以及八分之一的美国印第安人血统——这在未来将是大势所趋。我相信，我们可以依靠繁衍和爱的力量来打败那些试图将国家划分为不同族群社区的人。

（六）

反对“熔炉论”的族群起义，至少在言辞上（尽管我认为在现实中并非如此）达到了否定共同文化和单一社会的理 141
念的目的。如果大量民众果真接受这一点，共和国无疑会陷入很大的麻烦。

历史学家约翰 · 海厄姆写道：“三十年来，国家建设几乎从史学家的研究计划中消失了。”对此他呼吁学者们应该认真对待国家忠诚、普遍的忠诚以及族群、种族和某些特殊忠诚关系的建构。西部历史专家帕特丽夏·纳尔逊·利默里克写道："当我们发现那些以往被排除在历史记录之外的人们的经历颇有研究价值并对之感到兴奋不已时，我们事实上已经丧失了对人类发展历程的整体观感，取而代之的是把美国人的生活分割成了一系列经验……难道正是因为这种过分强调使我们在同情、怜悯、同胞之情与理解的心理驱动下无意间破坏了这种整体感吗？也许是时候重新建立这种共有基础了？"

关键问题在于：如何重建？又通过什么方式恢复"一"与"众"的关系？美国历史悠久的同质性早在一个世纪前就消失殆尽，无以复归了。从那之后，我们总被该问题的不同形式所困扰，恰如赫伯特·克罗利八十年前在《美国生活的希望》中讲的那样，"政府的承诺在于防止社会分歧把整个国家撕裂成人们初入美国时的样子；也在于确保这样一个高度分化的社会稳定、完整"。克罗利相信，达到这个目标需要一种"铸造团结的终极纽带"。若要重归团结只有一条路可走，"那就是坚定不移地贯彻民主社会的理念"。

142 美国的过人之处在于它有能力把种族、宗教、族群背景迥异的人们聚合为一个统一的国家。它之所以能取得这样的成就是因为民主原则为统一提供了理论基础，也为公民参与提供了实践经验。"美国信条"构想的是一个由自主决定并对自己负责的个体组成的国度，其国家构成绝非建立在不可侵犯的族群社区基础上。宪法强调的是个人权利，而不是群体权利。不过为了纠正既往错误，法律也需要时不时回应群体的主张（在我看来确实理应如此），但这种情况是例外，不是规定。

我们的民主原则考虑建立一个以容忍分歧和相互尊重为基础的开放社会。实际上，美国对一些人远比另一些人开放。但与昔日相比，今天的美国全面开放程度更高了，而且开放程度未来可能会继续提升。美国生活的长期主题已经从排斥变成了包容。

无论从历史还是文化角度，美利坚合众国都有着深厚的盎格鲁-撒克逊根基，但是自建国之日起，该根基就在其他大陆和文明的不断渗透中被改造、充实和重建。从排斥到包容的运动持续改造着我们的文化结构。族群融合影响着美国生活的方方面面——我们的政治、文学、音乐、绘画、电影、美食、习俗乃至我们的梦想。尤其是非裔美国人，在许多方面影响着持续变化的民族文化。奥兰多·帕特森观察称："在 143
古罗马人被其希腊奴隶和自由民的文化战胜并表示臣服之前，从来没有哪种占统治地位的文明被如此一小部分人左右。"

美国黑人久居于此，除非是那种相信种族神秘主义的人，否则都会觉得相较于非洲文化而言，黑人文化更像是美国文化的一部分。他们的历史是西方民主传统的重要组成部分，无意去取代它。小亨利·路易斯·盖茨的话让我们想起了詹姆斯·鲍德温曾说过，他到了欧洲才发现自己和任何得克萨斯大兵别无二致，都是非常爱国的美国人。事实上没谁比那些坚持非洲中心论、试图把美国黑人从西方剥离开来的理论家对黑人的伤害更大了。

直到二十世纪下半叶，美国白人才开始承认并正视已然破坏了美国历史的种族主义的存在。也是在这一时期，美国白人才最终意识到大部分美国历史都伴随着潜滋暗长的种族压迫，这种压迫是以牺牲我国那些充满神圣意味的法律制度文本当中所承载的平等理念为代价的。

既有进展有目共睹，如果有人在黑人只占全美人口 12%的半个世纪前告诉我，在我的有生之年将会看到参谋长联席会议由一位黑人将军担任主席，最高法院出现黑人大法官的身影，由黑人就任弗吉尼亚州州长，甚至亚特兰大、伯明翰、新奥尔良和其他南方城市（以及纽约、芝加哥、华盛顿、洛杉矶、费城、底特律、西雅图、圣路易斯、堪萨斯）
144 活跃着黑人市长，更不用说在职业棒球大联盟效力的黑人球员了，那我肯定会喜出望外但又半信半疑，然而上述所有情景都切实发生了。

那么究竟为何一些观察家会做出种族关系正走向恶化的判断呢？一个半世纪前伟大的托克维尔便回答了这个问题。为了解释为什么法国大革命爆发前一年，法国那些在政府适度妥协改进过程中受益最多的地区却表现出最大不满，托克维尔写道：“革命并非仅当事态不断恶化时才会爆发，事实上到局面显得无法挽回之前人们已经隐忍太久，一旦冒出鱼死网破的想法，先前承受的那些痛苦就会显得更无法忍受。换言之，恰恰是因为对暴政的某些小修小补让人们关注到了其他一些如今令他们愈加难以容忍的问题。此间，人们的痛苦程度可能确实有所缓解，但他们的愤懑感被大大激化。”因此，人民生活水平的提高反倒可能会进一步刺激他们的反抗精神。

奥兰多·帕特森写道：“从社会学种种事实来看，尽管美国的种族关系不算完美，但目前已经是世界上白人占多数的国家中种族主义程度最低的了；而且对少数族裔的法律保护也远胜于他国，无论他们是白人还是黑人；另外美国还比其他国家给黑人提供的机会要多，包括那些非洲国家；过去二十五年里，美国对待种族通婚的态度也发生了巨大改变。”

多重传统的相互作用造就了我们所熟知的美国。黛安娜·拉维奇说得很好：“尽管看起来有些矛盾，但崇尚多元文化正是美利坚共同文化所在。”这就是为什么统一的政治理
想与多样的社会和文化价值观能够如此顺利、亲和地共存。 145
在至高无上的政治承诺下，人们可以自由地选择自己的生活方式，无论是族群上的还是其他方面。差异得以保留，有些被彻底改造，有一些则用来对我们做出区分。但是，在我们重申对统一理想的坚定信仰时，也提供了一种防止分歧升级为敌对和仇恨的解决办法。

从排斥到包容的转变有一个非常强大的动因，即“美国信条”强化了相关的现实与理想诉求。当谈到美国的民主信仰时，我们必须从本质上来理解它。它并不是那种超然物外、成为终极信条的、自命不凡的正统观念，完全容不得挑衅和质疑，甚至需要通过面向国旗敬礼、宣誓效忠的铮铮誓

言或是手捂胸口的“摸心礼”得以实现。反之，它是一种不断发展的哲学，通过辩论、自我批评、抗议和反叛来铸造其理想；也是一种传统，置身其中的所有人都有另辟蹊径的权利和各执一词的机会。该信条鼓舞世代美国人纵有险阻，亦坚持不懈地缩小实践与原则之间的差距。作为把所有美国人凝聚一处的纽带，“美国信条”理应被美国人民广泛学习。

当今世界风云变幻，我们确有必要尽己所能了解其他大陆和文明发展，但当务之急则是全面把握本国历史。尽管有人觉得我们传承着充分汲取欧洲经验演化而成的美国经验是一件非常可悲的事情。但不得不说，否认美国文化的欧洲之根无异于篡改历史。

任何美国人，不论血统，都应该为他们所贡献的独特历
146 史文化遗产感到由衷骄傲，就像其他国家自豪于自己的历史遗产那样。信仰本国文化不需要蔑视其他文化，与此同时也得相信没有哪种文化能同时吸收其他所有文化，特别是在还没有把自己的文化“吃透”前，更是想都别想。换言之，当我们真正开始成为自己文化的主人后，才有可能放眼探索世界。

我们的各类院校有责任教授符合原貌的历史，使历史成为有识之士的必要学术储备，而不能让历史课的内容被任何压力集团——无论是意识形态的、经济的、宗教的还是种族的——所支配，从而肆意贬低、篡改历史。某段历史或许的确会触怒某些群体，但这绝不是改写历史的理由。这种在教科书和课堂上给某些压力游说团体保留否决权的做法既背叛

了历史，也愧对教育。如果教授得当，历史会向学生们展现出如下侧面：一是文化的多样性、连续性和适应性，以及了解其他文化的必要性；二是个人与民族克服困难的能力；三是批判性分析和冷静判断在生活各个领域的重要性。

最重要的是，历史能够向人们传递一种国家认同感。我们没必要一定宣称自己的价值观比其他人或其他国家的优越，但务必相信本国价值观对我们而言非常有益，滋养我们不断成长，也值得我们去为之生活、为之牺牲。因为这些价值观绝对不是一时兴起或妙手偶得，而是历史的馈赠。它们根植于我们的国家经历，我们伟大的国家文献，我们的国家英雄，乃至我们的风俗习惯、传统和标准之中。故而拥有不同历史经历的人会持有不同的价值观。不过有必要坚定一种
信念，即本国历史对我们大有裨益，它们为我们殚精竭虑， 147
因而我们的生死均仰仗于此。

让所有公民都正视这些价值观还需要时间，纵使前路漫漫，但已经有所进展。如果现在断然否决历史赋予我们的宝贵遗产，则各族群社区的碎片化倾向将彻底走向飞地、贫民区和部落各自为政争吵不休的状态。我们社会的凝聚力是非常脆弱的，至少在我看来就是如此。因此煽动和挑唆文化、语言上的种族隔离等让人们无端倍感压力的做法毫无意义。

当然，美利坚认同不会一成不变，实际上它永远在自我更新当中。人口的变化总是持续改变着国家的精神气质，但我们务必希求这种改变不以牺牲国家统一为代价。作为一个典型的多元社会，美国所面临的难题是，如何在不破坏维系

共和国凝聚力的纽带的前提下捍卫宝贵的文化和传统，这些纽带包括共同的理想、共同的政治制度、共同的语言、共同的文化和共同的命运。

由此观之，我们的当务之急是要把对本国灿烂多样性的适度欣赏与对西方共同理念的适度强调有机结合，这些理念包括个人自由、政治民主、人权等等。正是它们塑造了美利坚民族特性，并在今天赋予了来自各大洲、分属不同种族和秉持不同信仰的人们以力量。

“那么美国人这种新民族究竟如何定义呢？……是由来自世界各国的人们全然融合而成的一个新民族。”这依然是该问题的标准答案，也是众望所归。

结语 149

多元文化主义、单一文化主义与《权利法案》：文化战争升级

文化战争？这种军事隐喻乍一看确实有点夸张，但在过去十年里，这些所谓的战争确实在美国教育领域掀起了不小的波澜，改变了课程设置，修订了教规，让学校管理者倍感困惑，激化了校友之间的矛盾，并在其他方面扰乱了校园一 150
方净土。

正如我们所看到的，造成动荡的直接原因是来自“多元文化主义”的挑战，这是一个突然闯入公众讨论的新词汇。说它新似乎有点奇怪，毕竟美国自诞生之日起就是个多元文化国家。但我们现在所谓的多元文化主义，在美国历史的大多数时期内，不过是新来者被美国民族性与文化全面浸染和吸纳的一个阶段而已。

不过近来，多元文化主义已经不仅是作为一个简单的词

汇出现在大家的视域中，甚至还成为一种意识形态或是蒙上神秘色彩的事物。它用温和的方式呼吁人们关注那些被忽视的群体、话题和观点，与此同时尝试纠正当下社会生活实践与历史判断中对少数族裔做出的令人感到愧赧的不公正举措。采取的办法就是高举共有文化的大旗。

当然，多元文化主义也有激进的一面，不仅与共同文化的提法作对，拒绝同化和融合等目标，还为族群或种族社区牢不可破的多样性与分离倾向欢呼雀跃。极端分离主义者虽然经常挥舞着多元文化的旗帜，但实际上是从真正的多元文化主义沦为族群中心主义，即相信本族的美德拥有无与伦比的优越性。

激进的多元文化主义和族群中心主义由历史仇恨驱动而生，该过程可以理解。尽管理论上美国素来向遵守宪法和法律的人开放公民身份，但在长期实践中百般受限。非盎格
151 鲁-撒克逊白人遭到冷落和回避姑且不说，1865 年以前，大多数美国黑人都是奴隶，而妇女直到 1920 年才争取到选举权。

不得不说，如果实践在短期内便与指导它的理论背道而驰，那么放眼长远，实际上理论已经在对实践进行修正了。从排斥到包容的过程虽然看似发展得不平衡，却一以贯之，成为美国历史的核心要义，这也是为什么美国能够把使用不同语言的族群统合为单一国家的原因。然而激进的多元文化主义者不仅否认合众为一的魅力所在，反倒倾向于摒弃一，推崇众。

一时间世界范围内一个又一个国家以血腥杀戮的方式走

向分裂给如下问题带来了新的紧迫性：是什么因素促使国家团结一致？威廉·拉斯伯里写道：“我们带着既叹惋又有点优越感的复杂情绪看着苏联和南斯拉夫分裂为族群飞地，却独独没能正视我国社会也正变得支离破碎……我们甚至弃‘我们都是美国人’的神话于不顾……美国现在确实还没分裂到南斯拉夫那种地步。但千万别以为这里有朝一日不会变成那样。”

虽然不排除美国会变成那样的可能性，但是正如前文所言，繁衍后代的需求与爱的欲望为此提供了一种灵药。政治学家劳伦斯·富克斯与彼得·萨兰近期发表的文章强烈抨击了分离多元文化主义的行径，无独有偶，历史学家菲利普·格利森、约翰·海厄姆、戴维·霍林格，社会学家托德·吉特林，以及知名记者比尔·拉斯伯里、斯坦利·克劳奇、吉姆·斯利珀、威廉·普法夫和理查德·伯恩斯坦都表露过此
类观点。争论还在继续，所以追踪那些新涌现出的热点问题 152
可能会别有一番趣味。

（一）

身份政治使得政治光谱传统意义上的左右翼神奇地交换了位置。历史上，右翼往往是排他主义者，承认生活的复杂多样，强调维护既有传统，蔑视被奉为圭臬的一般性。而左翼则是普遍主义者，致力于将人性高度抽象和充分理想化。

然而族群狂热给左派这个古老派别中的某些激进分子指明了另一种方向，即族群狂热不但威胁到国家统一，甚至还有可能使左派自身走向分裂。

在英国，杰出的马克思主义历史学家埃里克·霍布斯鲍姆谴责身份政治，称其将左翼势力削弱为以自我为中心的少数群体及其利益的联盟。霍布斯鲍姆写道，左翼的政治计划本应是“为了全人类。无论我们如何解读这句话，也总不该是仅为利益相关方或更确切地说为黑人的自由而奋斗，而是惠及各方的。这同样不是仅指对加里克俱乐部[1]会员或残疾人的平等相待，而是众生平等。所谓兄弟般的厚爱也并非仅局限于‘伊顿佬’或同性恋者之间，而是一视同仁”。然而，身份群体恰恰与此背道而驰，“他们只考虑自己、关心自己、眼里没有其他人，这就是为什么左翼不能把自己建立在身份群体的基础上”。

在美国，一九六〇年代的社会活动家、后来成为知名社会学家的托德·吉特林也同样对他提到的“共同梦想的迟暮”深表遗憾。曾几何时，左翼的思想建立在对人类普遍处
153 境和人人平等的思考之上，而右翼才是立足于阶级、民族和种族之间原始差异之上的那一个。于是，过去自由派政治家常常考虑到选票平衡，成立为共同目标而服务的多数联盟，换言之，往日的族群政治是促进社会联合的积极力量。不

1　Garrick Club，伦敦市中心的绅士俱乐部，成立于1831年。该俱乐部一直以入会条件严格、仅限男性加入著称，会员多为艺术界、演艺界人士。

过，吉特林继续指出，新的族群政治痴迷于放大族群差异性，并不断助长所谓的“自行其是情绪”，这样一来各自为政的部落化趋势愈加突出。

最终结果怎样呢？“如今反倒是右翼的话语不断强调一致性，而左翼甚至就是否能讨论人性这样宏大抽象的概念表示怀疑。”吉特林对普世主义价值观的热情或许有些过火，但他的论点确实一点没错，即族群狂热混淆了左右原本的立场，削弱了左翼力量。即使是民主党，也曾有一段时间深受制度化的“党团会议”之害，这些“党团会议”实则代表少数族裔的利益，他们更关心的是发泄自己的不满，而不是增强本党的实力。

（二）

身份政治带来了另一种奇怪的影响，即《权利法案》，尤其是作为基石的第一修正案再次面临危险，它的功能在于珍视并守护公民的言论、新闻、信仰、集会和请愿自由。在美好的往日时光中，宪法第一修正案曾被右翼当作攻讦对象。那些保守派和极端爱国者是镇压和审查制度的狂热拥护者。这样的人今天仍然存在，只不过加入了左翼身份团体对第一修正案的抨击之列。更讽刺的是，曾经把言论自由不设
限视为神圣不可侵犯之权利的高等院校，竟然沦为大声疾呼 154
加强镇压和审查的重镇，且那些当下领头践踏《权利法案》

的人恰恰打着构建多元文化社会的旗号。

多年来，第一修正案的适用范围通过“兼容并蓄”而不断扩大，该趋势为人们广泛称颂，尤其是在学术界，把这一特点当作美国法理学的无上荣耀之一。让我们来回顾一下那些论证、强化和扩大了言论自由的经典言论。霍姆斯大法官谈道：“无论哪个案件，判断方式都大相径庭，（言论是否会受到保护）取决于在特定环境中所使用的那些言论及其性质是否可能引发一种明显而即刻的危险，从而使这些言论演化为被国家立法机关明令禁止的实质性罪恶。”布兰代斯大法官亦称：“没有哪种因言论引发的危险有资格被贴上‘明显而即刻’的标签，除非某种危险如此迫在眉睫，以至于在纳入各方讨论之前就一触即发。但凡还有时间通过讨论去揭露谎言和谬误、通过教育过程来改邪归正的话，那么我们可资借鉴的补救方式，就是允许广开言路，绝非用强制手段使其三缄其口。”上文中我曾引用过霍姆斯大法官有关自由的真知灼见，他认为自由不仅意味着“让那些与我们志同道合的人自由思考”——该原则本身蕴含的伟大美德是什么——“恰恰是给那些我们恨之入骨的想法以同样的自由空间”。

赋予我们所痛恨的想法以自由：该立场正是当前多元文化视角大加挞伐的。回顾二十世纪大部分时光，人们普遍痛恨的是那些极端主义的政治思想，诸如法西斯主义、纳粹主
155 义。很多人由是认为不应允许畅所欲言成为毁掉言论自由的途径之一，同样，不应允许那些利用自由来破坏自由的人继

续拥有自由。在先是热战后为冷战的轮番压力下，最高法院不得不时而做出让步，重新解释第一修正案对仇恨意识形态言论的保护。不过总体而言，《权利法案》还是在冷热战的交替冲击中得以保全。

正因如此，第二次世界大战中，当爱国热情走向极端且国家的命运陷入重大风险时，最高法院对西弗吉尼亚州法律强制学校的孩子们向美国国旗敬礼以示效忠祖国的做法做出了违反第一修正案的判决。杰克逊大法官的判词中写道："保留差异的自由不该仅表现在一些无关痛痒的小事上，那不过是自由的剪影罢了，若想试探自由的本质，就要看当遇到触及现有秩序核心的情况时是否仍尊重人们保留差异的权利。"

杰克逊大法官继续掷地有声地总结道："如果说我们的宪法体系中有恒星可言，那这颗恒星就是没有任何官方的、冠冕堂皇的说辞有权规定究竟什么是政治、民族主义、宗教或者其他有关公民主见的正统路线……如果有些场合允许特例，但肯定不是现在。"可悲的是，身份政治的信徒们恰好落入了这个窠臼。但在1943年的国旗日，当年轻的美国人在世界各地冲锋陷阵为这面国旗抛头颅洒热血时，最高法院的判决毅然反对强迫向国旗敬礼的行为，而那时的美国民众并没有就此抨击最高法院，反而对该裁决表示欢迎，认为此举很好地论证了世代美国人究竟在为何而奋斗。

冷战期间，最高法院通常坚持贯彻第一修正案。在勃兰 156
登堡诉俄亥俄州案中重新确认并重申了霍姆斯大法官有关

“明显而即刻的危险”的标准。在斯科基自由言论案中，它维护了新纳粹分子在伊利诺伊州斯科基小镇游行的权利，该镇聚居着大屠杀中幸存的犹太人及其家人，由是表明受伤的感情绝非取消宪法保护的有说服力的理由。在得克萨斯州诉约翰逊案[1]的判词中，布伦南大法官写道：“如果践行第一修正案有一条基本准则的话，那就是政府不能单纯因为某个想法被社会判定有攻击性或不敢苟同就禁止这种想法的自由表达。”

（三）

这些对《权利法案》的解读正是身份政治的拥护者们决计推翻的。小亨利·路易斯·盖茨对黑人反应的评述同样适用于其他身份群体：“许多人认为公民自由是民权的主要障碍……许多黑人活动人士和黑人知识分子的口头语不再是宣传保护言论自由的政治必要性，而变成了强调压制‘仇恨言论’是道德上的当务之急。”

“仇恨言论”本身就是个新词。它没有作为一个概念或索引词条出现在伦纳德·利维的《美国宪法百科全书》（1986）或
157 M. 格伦·阿伯内西的《宪法下的公民自由》（1989），抑或科尔米特·E. 霍尔的《牛津美国最高法院指南》（1992）当中。与

1　此案被告以焚烧国旗宣泄对政治的不满。

之相关的术语“政治正确”也没有使“仇恨言论”作为一个概念或索引条目出现在上述经典著作中。

当然，言论自由并不是绝对的。我们每天都通过各种法令来规范言论，处罚诽谤中伤、作伪证、虚假广告、教唆犯罪等举动，甚至任何判断都离不开在相互交锋的价值观之间寻求平衡。但在一个自由的民主国家内，除非有个别极端的实际案例需要用监管和审查制度限制言论自由，其他任何时候，倡导言论自由都是永恒的大前提。

仇恨言论甚嚣尘上带来了一种新的宪法观。传统的理解称，宪法是服务于个人的宪章，《权利法案》则为个人权利提供了进一步的具体保护。可是身份政治将群体而非个人视为宪法的基本单位，进而呼吁为了保护群体利益而限制个人权利。因此，康奈尔大学法学院的凯瑟琳·艾布拉姆斯教授对“将独立的个人视为权利主体的宪法习惯”表示遗憾。她认为在美国“言论受到了过度保护，我们需要在智识生活中给自由言论设限，从而加强对政治上的边缘群体的尊重和认可”。

尽管因受到纳粹反犹主义的影响，二战期间及战后短期内，最高法院曾一度严加防范“群谤”（group libel）。但对博阿尔内诉伊利诺伊州案[1]的积极裁决（以5:4的投票比例）在

---

1 1952年美国联邦最高法院9位大法官以5:4对博阿尔内诉伊利诺伊州案做出判决，称伊利诺伊州立法抵制“群谤”合宪，诽谤性质的发言根本不在宪法保护范围内，同时承认政府有惩罚“群谤”的权力。但1960年代以来最高法院的言论自由判例却越来越朝相反方向发展，在今天的美国，仇恨言论已经受到更高程度的保护。

158 随后的其他判决中实际上无效。国会和州立法机构也没有继续走“群谤”立法之路。毕竟宪法不是个人权利而是群体权利的守护神这种观点，与霍姆斯、布兰代斯、杰克逊和布伦南等大法官有力论证的美国式公民自由概念背道而驰。

然而群体权利论是由某些痛苦的情感驱动而生的，比如斯科基大屠杀幸存者的情感，长期遭受骚扰和虐待的妇女的情感，被鄙视和羞辱的黑人的情感，所有被诋毁和迫害的少数族裔的情感。鉴于民主政府对大屠杀记忆犹新，且对日益加剧的族群紧张局势深感忧虑，故而理所当然、责无旁贷地考虑制止族群和种族仇恨肆意蔓延。联合国带头通过了《消除一切形式种族歧视国际公约》（1966），呼吁各签署国宣布“一切基于种族优越或仇恨的思想传播行为都应受到法律惩罚”。

很多国家都吸纳了群体权利模式。由是人们可以理解为什么德国根据自己不堪回首的过去把新纳粹分子和否认大屠杀的人定义为“明显而即刻的危险”，并采取行动严加禁止。就连那些长期受民主传统庇护的西方国家也通过了有关法律（我这里引用了英国 1965 年的《种族关系法》），惩罚那些“针对英国国内任何存在肤色、种族、族群或国籍差异的群体”煽动仇恨、发放宣传材料，包括使用“威胁、亵渎、辱骂”等字眼的行为。加拿大《刑法》第三百一十九条
159 同样禁止针对种族和宗教团体的仇恨宣传。许多其他民主国家也有类似的法律规定。

（四）

上述种种先例加强了美国国内主张审查仇恨言论的呼声。该问题在教育领域尤为尖锐。比如对那些站不住脚的言论加以保护，难道不会妨害少数族裔学生平等地融入大学生活吗？建立在颠覆平等基础上的仇恨言论难道不会大大削弱教育的基本前提么？宪法难道不是既保护自由也保护平等吗？难道第十四修正案不像第一修正案一样也是宪法的重要组成部分吗？凯瑟琳·麦金农写道："这个国家倡导平等与捍卫言论自由的法律如今正处在冲突之中。"

这一系列论点引起了不胜其扰的学校管理者的关注，他们尝试通过制定言论规范、监控演讲、容忍对大学校报的破坏，甚至监控非正式的交谈（包括笑话），来促进身份政治的制度化——所有这些都削弱了自由和不加束缚的言论表达空间。

过分强调"避免敏感"，即那种认为当人们的话语伤害了某人的感受时，这种话语就应该被禁止的感觉，成为攻击第一修正案的主要源头。毫无疑问，校园恶霸的言语诋毁和侮辱会让毫无心理准备的人感到不安和害怕。不过这些恶言恶语对个人情感造成的伤害真的有那么严重和持久，以至于需要启动压缩第一修正案适用范围这样夸张的补救措施吗？
很显然，除了审查制度之外，教育领袖们还有许多方法可以 160

阻止和谴责偏见。

关于伤害感情的标准似乎可以做进一步推演。当小亨利·路易斯·盖茨胆敢把非洲中心论称为"'巫术'方法论"时，由约翰斯·霍普金斯大学人类学系主任牵头，包括来自三一大学宗教学系、马萨诸塞大学黑人研究系的十四位学者严肃批评他这种说法"非常麻木不仁"，理由是"数百万巫术崇拜者的宗教信仰和实践"在他眼里一文不值。他们甚至将他与乔治·布什相提并论。

这条"麻木不仁"之路走到头，就会看到阿亚图拉·霍梅尼和《撒旦诗篇》[1]的恩怨宿仇。《撒旦诗篇》有伤伊斯兰激进主义者这件事确实能证明伊朗依照伊斯兰教令对鲁西迪作出死刑裁决的做法有正当性吗？萧伯纳曾谈道："所有伟大的真理都始于对神的亵渎。"这种"伤害他人情感"的所谓标准如果用在过去，绝对会让马克·吐温、安布罗斯·比耶尔斯、杜利先生、亨利·路易斯·门肯以及其他许许多多凭语言犀利和才思敏捷启迪、改善了美国人生活的伟人统统都噤若寒蝉。

反种族主义法规在阻止种族主义思想传播方面到底取得了多大的成功？在德国，针对犹太人、同性恋者和外国人的种族主义涂鸦及骚扰有所增加。英国的种族主义势头丝毫不

1　萨尔曼·鲁西迪的第 4 部小说，出版于 1988 年，在伊斯兰国家引发轩然大波，许多穆斯林指责该书亵渎伊斯兰教先知穆罕默德。1989 年伊朗精神领袖霍梅尼下令追杀寻求英国庇护的鲁西迪，导致英伊两国一度断交。

减。在加拿大，女权主义者们宣扬着凯瑟琳·麦金农的金科玉律，当加拿大最高法院确认国家有权禁止“贬低”和“非人化”女性的文学作品与图片表达时，女权主义者们欢呼雀跃。但运动最重要的结果是加拿大海关查封了女同性恋书店 161
订购的一批书籍。无论欧洲国家还是加拿大的经验，都没能成功证明审查制度比自由讨论更有利于构建一个宽容、和谐的社会。

当仇恨言论引发人身侮辱和暴力攻击时，那便是另外一回事儿了，需要快速和强有力的回击，现有的多种法令都针对暴力犯罪而设。那么如果能够确定仇恨是诉诸暴力的动机，加强惩罚不失为一个好办法。不过把仇恨的种子深深埋藏只会导致它们有朝一日大肆爆发。

此外，对种族主义言论严加审查很可能为今后对其他各种言论进行审查提供先例。很多多元文化主义者之所以忽视这一点，是因为他们认为把言论自由称为少数族裔的福祉是严重高估了现实。时任斯坦福大学法学院教授查尔斯·劳伦斯曾写道：“非裔美国人及其他有色人种对一种观点不敢苟同，即哪怕是最具攻击性的言论也不能受到监管和控制，因为只有在一个完全自由的观念市场中最优秀的言论才有可能脱颖而出。但现实经验恰恰相反，美国的有色人种已经目睹过太多煽动者，他们通过大肆宣传种族主义而赢得选举。”

人们可能疑惑过去半个世纪劳伦斯教授究竟生活在哪里？因为现实经验与他所说的大相径庭，经验告诉我们，在不受监管的观念市场中，有关“白人至上”的言论已经消

失，种族平等的理念如果在实践中不幸没有被接受的话，至少在原则上已被广泛接受。小亨利·路易斯·盖茨提醒我
162 们，正是第一修正案为“那些启迪整个国家的抗议、集会、组织和暴动顺利开展提供了合法性基础”。不无夸张地说，没有什么比过去半个世纪的种族关系革命更能体现《权利法案》的存在意义了。

没人比那些打算推动社会变革的人更需要第一修正案了。激进分子终归是少数，而这些少数恰恰从《权利法案》的保护中获益良多。言论自由有时候也可能是有攻击性的、可憎的、令人反感的，甚至沦为统治和压迫的工具，但历史上言论自由远远比一种可资凭借的工具，不，更具体地讲是一种实现解放的工具意义更为重大。恰如曾因创设一档有关《权利法案》的知名电台节目——“真理在握”而名噪一时的诺曼·科温谈到的：“《权利法案》并没有赋予言论以自由。仅由于可能触犯到少数人而禁绝某种想法并不能为少数人带来更多保护，反倒剥夺了他们的情势所需——进行还击的权利。”

对改革者来说，没有什么比渐失讨论和表达机会更打击他们的雄心壮志了。与此同时，高于一切的审查机制等于把言论自由议题交到了右翼手上，让他们把种族主义者包装为宪法第一修正案的拥护者，从而把公众注意力从他们言论的糟粕上转移开来。

具有讽刺意味的是，最开始被多元文化主义者捧上天的多样性最终却成了对一致性的严峻挑战。

（五） 163

左翼无法垄断政治正确，这种现象本身也会促使谨慎的多元文化主义者进一步质疑审查策略是否明智。路易·梅南明智地指出：“审查分两步完成。”首先右翼对政治正确有一套自己的看法，另外假使政治正确走向约定俗成，右翼能在广大群众中鼓动的单一文化主义者数量远多于左翼引领的多元文化主义者数量。

单一文化主义者包括极端爱国主义者、宗教激进主义者、福音主义者、自由放任主义的教条主义者、恐同者、反堕胎主义者、拥枪支持者以及其他狂热分子。这些人对他们眼中一些具有亵渎神明、无神论的、社会主义的、世俗人文主义的、色情的或非美国等特点的思想和书籍大加挞伐，并试图把自己狭隘、愤恨、一元论的美国观念强加于不幸的年轻人身上。

相较而言，左翼的政治正确经历了较为系统的深思熟虑，故而更具理性，它把纠偏重心放在高等教育机构上。右翼的政治正确则更为原始和感性，它把发力点更多地放在公立学校、公共图书馆、地方报纸和地方电台或电视台上。

左翼的政治正确是一种令人恼火的无稽之谈，它只有在渗透进公立学校时才构成对年轻人的威胁，正如它已经在我们的一些城市对非洲中心论进行包装那样。只要左翼的政治正确在

164 高等教育中持续渗透，就会影响那些思想相对较为成熟的学生，就算谈不上成熟，这些学生也很难对任何事表示信服。

对比来看，右翼的政治正确尝试在孩子们思想相对稚嫩、缺乏自理能力时影响他们，正好这些孩子的生活环境使他们很难接触到多重观点交锋。小镇上的偏执狂们用这种思想武器对在他们眼里十恶不赦的达尔文、马克思、杰罗姆·大卫·塞林格、朱迪·布鲁姆进行攻击，甚至企图控制学校委员会和图书馆委员会，同时恐吓教师、图书管理员和学生们。

单一文化主义者与多元文化主义者在公然滥用历史方面别无二致。他们洗白过去并植入自己那套爱国主义楷模和神话，这种情况当然不新鲜。我最近看到了我父亲写的、1941年被美国历史协会采纳的一份声明。声明写道：真正的爱国主义——

> 至少包括诚实和扎实的才学，需要我们的教科书编纂者竭尽所能呈现出有关过往的真实画卷。驳斥此观点的人似乎认为，美国历史上包含着诸多不堪回首的阴暗面，让年轻人了解到这个侧面不妥，可我认为，如果像他们时常敦促的那样在历史解读中略去有争议的问题，不失为曲解历史或断章取义。而实际上，美国人民的历史正是在实践中千锤百炼而成。这是一个成功的故事，但过程往往道阻且长、困难重重。其中一些最为辉煌的
> 165 历史篇章恰恰是在努力克服社会与经济不公正的不懈斗争中写就的。

宗教右派尤以组织严密、资金充足和冷酷无情著称。他们在责成公立学校和公共图书馆清理异端书籍一事上冲锋在前。与此同时积极推动学校把基督教教义中的“创世说”与科学层面的进化论置于同等重要的位置。一个保守的宗教组织——公民卓越教育组织近来揭露万圣节为一个异教徒的节日，在节庆风俗的掩护下，女巫们暗地里推行着她们的邪恶计划。帕特 · 罗伯逊牧师甚至重提了那个古老的理论，即现代世界的病症是由十八世纪巴伐利亚州的亚当 · 魏斯奥普特及其所创设的光照派[1]的邪恶活动造成的。

请一定牢记杜利先生是如何定义狂热分子的：“一些人但凡相信自己了解了部分真相，便会做自以为上帝授意他们做的事情。”那些看似诚实、敬畏上帝、朴实无华、坚信自己奉上帝旨意的人，对《权利法案》的威胁甚至比在大学校园里自命不凡、精于世故，没能意识到自己正被全能上帝赋予重责的人更大。

政治正确，无论左翼或右翼的视角，其实都侵害到了自由民主。第一修正案对共和国的发展颇有助益，削弱其效力将会使我们的自由蒙受风险。正如托克维尔一个半世纪前所写的那样：“正因为享受过这种危机四伏的自由，美国人才学会了如何让自由所附带的危险显得不那么洪水猛兽。”

---

1 Illuminati，启蒙运动时期的一个巴伐利亚秘密组织，成立于1776 年。

167

附录　施莱辛格的教学大纲

对了解美国必不可少的十三本参考书

才十几本参考书？说实话，要想全面了解美国，一百本或一千本书都不够用。当然搞懂任何一个国家都绝非易事，尽管美国历史短暂，想要充分了解它却是难上加难。因为它不仅幅员辽阔、人口众多，且秉承宏大的“美国梦”。因为它不仅自命不凡、纷繁复杂，且异质多元。尽管如此，美国依然有相当明确的国家认同。下面把十三本书按照时间顺序
168 依次罗列，它们从不同角度描述、界定乃至丰富着美国的自我意识。

《联邦党人文集》（*The Federalist*，1787—1788）的初衷是诠释和捍卫美国宪法，因对美国民主政府运作的基本原则做出绝妙阐述而流传至今。主要由亚历山大 · 汉密尔顿和詹姆斯 · 麦迪逊执笔的八十五篇联邦党人论文最早在 1787 年 10

月至 1788 年 5 月间连载于纽约市的报纸，被十三州大量转载，不单在宪法获批的争论期间一纸风行，自那以后也是人们酷爱阅读的经典。你能想象今天有哪份报纸，哪怕是颇具权威的《纽约时报》，发表篇幅如此之长、分量如此之重（除非是被炸弹客勒索）的文章吗？

托马斯 · 杰斐逊《杰斐逊文集》（*Writings*，美国文库，1984）。杰斐逊集美国人的多种优秀才能于一身。他是建筑师、教育家、发明家、古生物学家、品酒家、小提琴家、精明的外交家、狡黠的政治家，还是一位率先倡导言论自由的启迪性预言家，其真知灼见照亮了人类数百年的发展道路。约翰 · 菲 · 肯尼迪总统曾经把诺贝尔奖获得者的晚宴称为白宫所有聚会中人类智慧最杰出的汇聚，当然，“唯一可能的特例就是托马斯 · 杰斐逊独自进餐的时候”。

但杰斐逊也是一个自相矛盾的人：他是人类自由坚定的捍卫者，却没有像乔治 · 华盛顿那样在将死之时给自己的奴隶自由。他拥护媒体自由，却支持以煽动诽谤罪起诉编辑人员。他主张对宪法进行严格解释，却因购买路易斯安那土地 169
而违背了这份神圣的文件。[1]我们杰出的历史学家亨利 · 亚当斯观察称，如果想描摹早期其他几位总统的形象，可以用粗线条勾勒，但杰斐逊不尽然，想描绘他只能选一支精细的铅

1　美国 1787 年宪法没有明示总统有权并购国外土地，所以从法国处购买路易斯安那的政治行为，被当时的联邦党认为是超出了宪法明确授予总统的权限。

笔，摸索着完成，而若欲画得逼真，则完全取决于笔锋陡转的布线和不甚明确的阴影烘托。“美国文库”这一杰出的出版项目把杰斐逊的主要作品，包括自传、重要演讲稿以及他的信件精选结集成册一并出版。

阿列克西·德·托克维尔《论美国的民主》（*Democracy in America*，两卷本，1835，1840）。“国家特性”（national character）一词在学术界始终倍受质疑，但有谁能真正否认英国人与法国人、德国人或意大利人确实存在本质上的区别呢？又有谁读过这本讲拥有1 300万人口的大西洋沿岸国家的书，却没发现书中大量的描述和分析至今仍适用于这个幅员辽阔、人口上升至2.65亿的国家呢？

当托克维尔，一位二十五岁的法国贵族1831年踏上美利坚大陆时，他对民主的兴趣远比了解美国本身大得多，或者可以这么说，他对美国作为“伟大的民主革命”试验国家之一兴趣盎然，该趋势在他看来“具有普遍性且不可阻挡”，注定改变整个世界。那么重要的问题来了，这场革命
170 的归宿究竟是“民主自由还是多数人的暴政”。尽管担心“多数人的暴政”，托克维尔始终相信志愿联合及中间组织的力量已经使美国走上了民主自由之路。从1831年5月到1832年2月，托克维尔游历全美（且此后再未来过）。但他在短短九个月的时间对美国制度和美国特性的观察深度可谓空前绝后。一个半世纪后，他的伟大作品依然启迪着美国社会。

拉尔夫·沃尔多·爱默生《随笔与演讲》(*Essays and Lectures*，美国文库，1983)。没有人比爱默生能更睿智、抒情和辛辣地诠释美国的个人权利信念。他生于1803年，接受过担任一位论派牧师的专业训练，后来他从神坛走向演讲台，用连珠妙语全面阐述自己的超验主义哲学。

一些批评家谴责他们所谓的“爱默生肤浅的乐观主义”，但若深入探究则会发现，在他对邪恶问题的漠视和对直觉的真诚信仰背后，隐藏着精明、怀疑与锋芒毕露，乃至一个北方佬对人性几近冷酷无情的洞见。爱默生说：“税收与你所获利好如影随形。”“征税”就是爱默生话语中的强硬面，正因如此霍桑、卡莱尔和尼采都从他那里获益匪浅，进而吸引了今天的后现代主义者。“美国文库”收录了他论述民族特性的扛鼎之作——《英国人的特性》(*English Traits*)、细腻描写伟大人物的传记集《代表人物》(*Representative Men*)，以及他的多篇随笔。若欲了解爱默生的坚忍不拔，可以阅读《论历史》(*History*)、《论自助》(*Self-reliance*) 和《论经验》(*Experience*) 等篇目，而在《生活准则》(*The Conduct of Life*) 171
中则可读到《权力》(Power) 和《命运》(Fate) 篇。

哈丽雅特·比彻·斯陀《汤姆叔叔的小屋》(*Uncle Tom's Cabin*，1852)。她当时四十岁，是一位讲授《圣经》文学的教授的妻子，七个孩子的母亲，因对迫使奴隶回到备受奴役状态的《逃奴法》(Fugitive Slave Act) 深感愤怒，于是写出了这部美国历史上最有影响力的小说。该书第一年就售出三十万册，大约相当于一九九〇年代一本书的销量是三百万册。出版九年后，内战便爆发了。林肯应该告诉她：“就是你这样一位弱女子掀起了这场重大战争。”

《汤姆叔叔的小屋》因其对残酷奴隶制的生动描写而深入人心，但其中的场景常常被人们记错，因为很多令人印象深刻的形象都源自舞台版本而不是小说本身。该书远不像一些“汤姆秀”那样只是令人感伤的情节剧，而是对内战前十年社会生活的全面、细致入微的描述，充满了各种各样的人物、背景和看法。从各方面看斯陀夫人可能都不符合当代政治正确的评判标准，但其远见卓识和丰富的同情心使其成为那个时代的先锋人物，比如说她是最先使用“人权”一词的人之一。弗雷德里克·道格拉斯因此称《汤姆叔叔的小屋》为一本“明显被上帝圈点过的书”。

亚伯拉罕·林肯《亚伯拉罕·林肯的演说和作品集》（*Speeches and Writings*，两卷本，美国文库，1989）。他是最不
172 可思议的总统、最优秀的作家、最尖锐的道德家，他通晓自律的智慧，拥有超强意志力，并在最残酷的逆境中绝地逢生。面对美国建国时期的严峻考验和重重险阻，他主张用正确的思想指导实践，即“不以恶意对人，尽以仁义示人”来直面危机，却从不允许因思前想后阻碍了前进的脚步。

他的《葛底斯堡演说》指出，毫无疑问美国是基于人人生而平等这一前提而建立起来的统一国家，此番言论为开国元勋的赫赫功绩做了很好的补充。他的第二次就职演说则肯

定了人类的局限性，宣称“全知全能的上帝另有他自己的目标”，这等目标是带着原罪的凡夫俗子们永远无法参透的。他后来写道：“当发现上帝的旨意与自己的有所出入时，人们感到不悦。然而否定这一点就等于直接否定了创世上帝的存在。”

马克·吐温（原名为塞缪尔·兰霍恩·克莱门斯）《哈克贝里·费恩历险记》（*The Adventures of Huckleberry Finn*, 1884）。要问哪篇富有想象力的作品最能表达美国精神？赫尔曼·梅尔维尔的《白鲸》（*Moby Dick*）、沃尔特·惠特曼的《草叶集》（*Leaves of Grass*）和纳撒尼尔·霍桑的《红字》（*The Scarlet Letter*）都可作为备选答案，但该问题的标准答案最终不得不归结到《哈克·费恩》。

这是因为马克·吐温用辛辣的笔触描写了内战前的美国以及某些人将另外一些人作为私有财产的体制本身所助长的
社会腐坏——虚伪、道貌岸然、欺世盗名、杀身之仇、滥用 173
私刑的暴民、挥之不去的野蛮和暴力氛围。

当然这同样也与其语言有关。《哈克·费恩》是第一部纯美国小说。在这本书中，马克·吐温展示了一个目不识丁的男孩如何用最通俗平实的语言表达出微妙的情愫和细腻的品格，不无夸张地说，这本书解放了美国作家。欧内斯特·海明威在《非洲的青山》（*The Green Hills of Africa*）中写道：“所有现代美国文学都来自马克·吐温这本《哈克贝里·费恩历险记》……或者直接说所有美国文学源自这本书都不为过。

真是一本空前绝后的经典之作。”

另外该书的绝妙之处还在于其高潮部分用精彩的情节解释了美国当时把个人主义从绝对化中解放出来的种种斗争。比如故事主人公哈克有片刻受到传统道德观蛊惑，相信是“上帝的旨意”要求他把黑奴吉姆的事情告诉其主人沃特森小姐，告诉她吉姆的藏身之地以及自己如何陪他一道乘木筏从密西西比河逃跑。想到这里，哈克突然感到释然：“我人生中从未有哪一刻像这样感受到罪孽被洗清。”同时他也有点后怕：“我离彻底迷失和下地狱不过一步之遥啊！”

然而他随即又回忆起吉姆，欢快奔流的河水以及他们共同的欢声笑语和相亲相爱，便重新拿起准备寄给沃特森小姐的那封告密信。“当我意识到必须做出一个选边站队的抉择时，浑身瑟瑟发抖，我知道个中滋味。思忖片刻后，我紧张到连呼吸都不畅了，然后自言自语道：‘那就这样吧，让我下地狱好了’——最终还是把那封信撕得粉碎。”

174 我们尽可以说这恰恰全面揭示了当时美国的境况。这就是为什么威廉·迪安·豪威尔斯赞誉马克·吐温为“文学界的林肯”。

詹姆斯·布赖斯《美利坚联邦》（*The American Commonwealth*，两卷本，1888）。布赖斯 1838 年出生在贝尔法斯特，苏格兰人，是维多利亚时代以精力充沛、好奇心强、多才多艺、妙语连珠著称的大人物，精通法律、政治、外交、历史、文学和登山（落基山脉的布赖斯山以他的名字命名）。1870 年他首度访美，与托克维尔不同，此后他多次返回美国，1907 年到 1913 年他还曾在华盛顿担任英国驻美大使。

布赖斯的思想不像托克维尔那般臻于探究和哲学思辨。他对事实的热衷导致了一种颇具讽刺意味的结果，即《美利坚联邦》一书显得比《论美国的民主》要过时许多，因为在美国，事情一直在变化。但布赖斯是制度的敏锐观察者，其观察对历史学家的研究颇有助益。他比托克维尔花了更多时间研究政党体系以及州和地方政府的运作。他写就的著名章节，如“为什么伟大的人没能当选总统”和“为什么最卓越不群的人没能从政”等在今天依然能够引起共鸣。他把公众舆论称为“美国政治的一大核心”，其对公众舆论的分析开辟了一个新的研究领域。他的高见至今仍回响在耳畔：宪法是“这样一批人的杰作，这些人相信原罪说，决心对犯规作恶者关上一切有可能关上的大门”。“研究人员和律师们都容易高估制度发明对政治的作用，但不管怎样，或许没有任何 175
一种形式的政府比民主政府更需要伟大领导人的带头作用了。”

威廉·詹姆斯《文集》（*Writings*，两卷本，美国文库，1992）。作为最具美国特色的哲学家，以及风格轻松、富有人情味且引人入胜的作家（人们常常评论说威廉的哥哥亨利像心理学家那样写小说，反观威廉却像写小说那样完成心理学著述），詹姆斯的兴趣点从心理学转向哲学。他的实用主义哲学核心观点即“实践出真知”，这与美国人的行事风格非常吻合。

另外，他主张多元主义和开放的宇宙观，与那些坚持一元论及封闭宇宙观的人分庭抗礼，这一点也很重要。詹姆斯写道，人们可以发现部分和有限的真理，即那些能够为其所用的真理，但没人能发现绝对真理；他也坚决否定从单一视角便可全面理解世界的观点，正如他拒绝相信所有道德准则都不互相矛盾、“世界之谜的谜底可用一言蔽之”、“真理当中所蕴含‘终结论’伪装”等假设。他还对探寻鸿蒙宇宙怀抱无限信念。于是，“美国文库”秉承了其一贯的慧眼识珠，把威廉之著述结集为两卷出版。

亨利·亚当斯，《亨利·亚当斯的教育》(*The Education of Henry Adams*， 1918)。未来在威廉·詹姆斯看来是异彩纷呈的冒险之旅，而他的友人、同时代的亨利·亚当斯则认为未
176 来预兆不祥。感受到科学技术日新月异带来的压力，亚当斯质疑人类思维是否能跟得上与历史高速发展相伴而生的无情变化。

亚当斯认为个中挑战在于如何驾驭新的科技催生和释放出的新能量。那么尽快适应这种变化的途径之一就是教育，回顾自己的教育历程，亚当斯相信教育应该包括“对世界本质的讲解如宗教、伦理和哲学。还有历史、文学、艺术。当然也应普及大概除数学之外的所有科学所涉及的重要概念。一个生活在1854年的美国男孩（亚当斯是年十六岁，赴

哈佛求学）对公元元年的认知距离似乎比 1900 年还要近，因为他正在受到的教育与他当下所需要的教育几乎没什么关系。”

《教育》一书描述了亚当斯试图与这个新兴时代斗智斗勇的心路历程。沿途他散发着政治家与作家的迷人魅力，就历史事件娓娓道来，也深刻反思着变革中的世界，对此他说：“新派美国人，无论是否适合担此重任，都必须白手起家，有意识地建立起一个属于自己的世界，包括相应的科学、社会、哲学乃至宇宙。”新派美国人有能力应对此番挑战吗？

1862 年正值汉普顿锚地海战爆发，预示着新技术对战争武器的改变。亚当斯是年写道：“曾几何时人是科学的主宰，如今却只能跟在科学屁股后边跑了。我坚信要不了几百年，科学就会反过来主宰人类。那些即将由人类发明出来的机器
渐渐会摆脱人类的束缚。总有一天，科学将参透人类的生存 177
之道，到那时人类将不得不通过炸毁世界来寻求自我了断。”

亨利·路易斯·门肯《美国语言》（*The American Language*，1936 年出版并在 1945 年及 1948 年再版）。门肯是一九二〇年代当仁不让（我为什么会用“当仁不让”这个词啊？——如今他大约已被世人遗忘）的文学巨匠。他是一位玩世不恭的大师级人物，他用一种夸夸其谈和自由辩论的风格阐释了他对美国的种种高见。不过在一九三〇年代，门肯

这种风格无疑同当时的民族情绪格格不入。作为一九二〇年代青史留名的文化异端分子，他是个自由主义者而非民主主义者。当突然遭遇一九三〇年代尖锐的政治对抗时，他显得尤为尖酸刻薄。

不过对他的粉丝们来说《美国语言》堪称挽尊之作。他对一种新语言如何从大洋彼岸的英语演变而来进行了精辟、丰富、颇有学术意味也极富趣味的描述。这本内容丰富、可读性强的书堪称一本很棒的美国历史手册。全书指出，同化远非无条件地屈服于盎格鲁中心主义，而是一条双行道，在另一条路上，非盎格鲁的移民们在把英语转变为美语的过程中发挥了积极作用。

贡纳尔·默达尔《美国困境》（*An American Dilemma*, 1944）。种族主义从一开始就是美国生活的有机组成部分。杰斐逊对种族问题的看法前后不一；托克维尔就此既提出过先见之明，也给出过错误预言；马克·吐温被种族迷思所困扰；对林肯来说，这是一切问题的核心。但大多数时候，种
178 族问题总是被忽略或否认。有鉴于此，默达尔这位瑞典经济学家受美国基金会委托，首次对黑人与白人的关系进行了全面研究。由其领衔的团队包括像拉尔夫·邦奇和肯尼斯·班·克拉克这样的知名黑人学者，在他们的协助下，默达尔最终于1944年，系林肯发表《解放黑奴宣言》八十一年后，出版了《美国困境》一书。

这部力作不单是对种族问题的分析，更是一种挑战。因

为该书写作正值反对希特勒统治及他那套优等种族论的战争如火如荼之时，故而书中呼吁美国人民也要尽快摒弃他们自己的种族优越思想，进而践行默达尔所谓的“美国信条”当中暗含的人人平等之承诺。当然，默达尔认为“美国信条”本身就有助于克服种族主义痼疾，这种想法显然过于乐观了。但他的作品确实鼓励了黑人觉醒运动，且刺痛了某些白人的良知。他对半个世纪前美国黑人生活、工作和死亡状况的描述，给《美国困境》出版以来所发生的点滴变化提供了一个令人振奋的参照系。

莱茵霍尔德·尼布尔《美国历史的反讽》（*The Irony of American History*，1952）。二十世纪美国最具影响力的神学家尼布尔采用新正统主义的宗教观考察美国历史，即用一种温和且非激进的原罪论（误把自尊的相对性做绝对化处理的产物）、对人性的认知分歧、对人类虚荣的神圣审判以及生命的不完整性等视角来看待历史。他在书中写道，我们有必要
理解“凡人与天地斗争的极限，所有人间智慧的碎片性，历 179
史上所有权力结构的不稳定性，以及所有人性美德均是善与恶的杂糅”。

和威廉·詹姆斯一样，尼布尔也是一位相对主义者和多元主义者，他蔑视一元论者和绝对论者。与林肯相仿，他特别批判那些极度自负的人，他们自以为已经把全能上帝之旨意了然于心。不过尼布尔的“反讽”指的是那种因行为者自身不足而导致事与愿违的情况。正是这一概念为他解读美国

历史提供了依据。尼布尔认为，美国人太倾向于相信自己的无辜和正义，太不情愿承认自己灵魂中自私自利的一面。他指出，“个人和群体有朝一日均有可能陷入罪恶的渊薮，当他们准备扮演历史的主宰者时尤其如此”，并为举国上下就这一判断竟然理解无能深表遗憾。

尼布尔对美国历史的诠释是明智、精炼的，且触角深入美国传统之中。他对民主的构想与宪法之父们颇为近似，他在《光明之子与黑暗之子》（*The Children of Light and the Children of Darkness*）一书中写道：“人类追求正义的能力使民主成为可能，而人类行为处事中的不公正倾向则使民主成为必要。”

资料来源说明*

前言

第 13 页的引用，来自约翰·斯图尔特·密尔（John Stuart Mill），《代议制政府》（*Representative Government*），第 16 章。

第 14 页的引用，来自《欧洲战事》（"War in Europe"），《经济学人》（*The Economist*），1991 年 7 月 6 日。

第 14 页的引用，来自约翰·格里蒙德（John Grimond），《急需黏合剂》（"For Want of Glue"），《经济学人》，1991 年 6 月 29 日。

第 14 页叶礼庭（Michael Ignatieff）的引用，来自《一个富庶国家的自我分裂》（"A Rich Nation Is Tearing Itself Apart"），《观察家》（*Observer*），伦敦，1991 年 6 月 9 日。

第 15 页钦努阿·阿契贝（Chinua Achebe）的引用，来自《耐心的高昂代价》（"The High Price of Patience"），《纽约时报》（*The New York Times*），1993 年 7 月 27 日。

第 15—16 页引用，来自赫克托·圣约翰·克雷夫科尔（Hector St. John de Crèvecoeur）的《美国农人信札》之第三封信（Letter III in *Crèvecoeur's Letters from an American Farmer*），1782 年。重点在最后一句。

第16—17页乔治·班克罗夫特（George Bancroft）的引用，来自《文学和历史杂录》（*Literary and Historical Miscellanies*），纽约，1855年，第508页。

第17页约翰·麦克唐纳（John Macdonald）的评论，来自《急需黏合剂》，《经济学人》，1991年6月29日。

第19页阿列克西·德·托克维尔的引用，来自詹姆斯·托·施莱费尔（James T. Schleifer），《在美国塑造托克维尔式民主》（*The Making of Tocqueville's Democracy in America*），教堂山，1980年，第66页。

第21—22页伍德罗·威尔逊（Woodrow Wilson）的引用，来自《新自由》（*The New Freedom*），纽约，1913年，第68页。

第23页马里奥·科莫（Mario Cuomo）的引用，来自他1991年7月15日有关多元文化教育的声明。

第24页弗·斯科特·菲茨杰拉德（F. Scott Fitzgerald）的引用，来自《崩溃》（*The Crack-Up*）。

第24—25页甘地的引用，来自E. W. 德斯蒙德（E. W. Desmond），《印度风暴》（"Storm Over India"），《纽约书评》（*The New York Review of Books*），1992年5月14日。

一

第29页的第1个引用，来自托马斯·潘恩（Thomas Paine）的《常识》（*Common Sense*），附录部分。第2个引用来自赫尔曼·梅尔维尔（Herman Melville）的《白外套》（*White Jacket*），第36章。

第29—30页的引用，分别来自赫尔曼·梅尔维尔的《雷德本》（*Redburn*），第33章；《日记中的爱默生》（*Emerson in His Journals*），剑桥，1982年，乔尔·波特（Joel Porte）编，第347页；《乔治·华盛顿作品集》（*Writings*），华盛顿，1938年，J. C. 菲茨帕特里克（J. C. Fitzpatrick）编，第27卷，第252页；第34卷，第23页。重点为笔者所加。

第31页约翰·昆西·亚当斯（John Quincy Adams）的引用，来自亚

* 本书资料来源说明与索引中的页码为英文原书页码，与书中页边标注的页码一致。

当斯致冯·弗斯滕华特男爵（Baron von Furstenwaerther）的信，此信载于沃纳·索勒斯（Werner Sollors）的著作《超越族群》（*Beyond Ethnicity*），纽约，1986年，第4页。重点为笔者所加。

第31页托克维尔的引用，来自托克维尔1931年6月9日致埃内斯特·德·沙布罗尔（Ernest de Chabrol）的书信，载于《托克维尔论政治与社会书信选》（*Tocqueville's Selected Letters on Politics and Society*），伯克利，1985年，罗杰·博舍（Roger Boesche）编，第38页。

第31—32页托克维尔的引用，来自他的著作《论美国的民主》（*Democracy in America*）第1卷，1835年，第14章。

第32页亚伯拉罕·林肯（Abraham Lincoln）的引用，来自他1858年7月10日于芝加哥进行的演说，参见《亚伯拉罕·林肯的演说和作品集（1832—1858）》（*Abraham Lincoln, Speeches and Writings, 1832—1858*），美国文库，第455—456页。

第33页詹姆斯·布赖斯（James Bryce）的引用，来自他的著作《美利坚联邦》（*The American Commonwealth*）第2卷，伦敦，1888年，第709—328页。

第33页贡纳尔·默达尔（Grunnar Myrdal）的引用，来自他的著作《美国困境》（*An American Dilemma*），1944年；20周年纪念版，纽约，1962年，第1章。

第34页赫尔曼·梅尔维尔的引用，来自他的著作《雷德本》，第33章。

第35页杜波依斯（W. E. B. Du Bois）的引用，来自他的著作《黎明前的黑暗》（*Dusk of Dawn*），哈考特布雷斯公司（Harcourt Brace and Co.），1940年。还可参见《杜波依斯作品集》（*Writings*），New American Library，第563页。

第36页亚伯拉罕·林肯的引用，来自林肯1855年8月24日致乔舒亚·弗·斯皮德（Joshua F. Speed）的信，载于《亚伯拉罕·林肯的演说和作品集（1832—1858）》，第363页。

第36页弗雷德里克·杰克逊·特纳（Frederick Jackson Turner）的引用，来自他的著作《美国边疆论》（*The Frontier in American History*），纽约，1920年，第22—23页。

第36页詹姆斯·布赖斯（James Bryce）的引用，来自他的著作《美利坚联邦》，第2卷，第329页。

第37—38页亨利·詹姆斯（Henry James）的引用，来自他的著作《美国景象》（*The American Scene*），1906年；地平线出版社版（Horizon Press），1967年，第64页，第120—121页，第132页，第139页。

第38—39页有关《熔炉》和简·亚当斯（Jane Addams）的引用来自阿瑟·曼（Arthur Mann）的著作《一与众》（*The One and the Many*），芝加哥，1979年，第98—100页，第110页，第192页；还可参见米尔顿·戈登（Milton Gordon）的著作《美国生活中的同化》（*Assimilation in American Life*），纽约，1964年，第120—121页。

第40页犹太评论家的引用，来自阿瑟·曼的著作《一与众》，第113页。

第41页伍德罗·威尔逊的引用，来自他1915年5月10日于费城对在外国出生的美国公民们的演讲，文字稿刊登于威尔逊的《伍德罗·威尔逊的咨文与文件》（*The Messages and Papers of Woodrow Wilson*），纽约，1924年，艾伯特·肖（Albert Shaw）编，第1卷，第115—116页。

第41页西奥多·罗斯福（Theodore Roosevelt）的引用，来自他1917年9月10日在纽约的演讲，文字稿刊登于他的著作《西奥多·罗斯福文集（纪念版）》（*Works*，Memorial edition），第21章，第38页。同时参见1918年4月16日《堪萨斯城星报》（*Kansas City Star*）的社论；或著作《罗斯福在堪萨斯城星报》（*Roosevelt in the Kansas City Star*），波士顿，1921年，拉尔夫·斯托特（Ralph Stout）编，第137页。

第42页霍勒斯·卡伦（Horace Kallen）的引用，来自1915年2月18日和2月25日的《国家杂志》（*The Nation*），也可参见他的著作《美国的文化与民主》（*Culture and Democracy in the United States*），纽约，1924年，第116页，第122页，第124页。

第43页富兰克林·德·罗斯福（Franklin D. Roosevelt）的引用来自1943年2月1日他写给史汀生（Henry L. Stimson）的一封信。具有讽刺意味的是，当时正在组建一支由日裔美国人组成的战斗团。这里第一句话实际上转引自艾默尔·戴维斯（Elmer Davis）——当时赫赫有名的记者以及美国战时情报局局长，参见比尔·细川（Bill Hosokawa）的《沉静的美国人》（*Nisei：The Quiet Americans*），纽约，1969年，第365—366页。

第44页托克维尔的引用，来自他的著作《论美国的民主》，第1卷，第18章。

第 45 页贡纳尔 · 默达尔的引用，来自他的著作《美国困境》，第 4 页，第 13 页，第 809 页，第 880 页。

第 47 页迈克尔 · 诺瓦克（Michael Novak）的引用，来自他的著作《无法融合的族群的兴起》（*The Rise Of the Unmeltable Ethnics*），纽约，1972 年，第 270 页。

第 47 页马库斯 · 李 · 汉森（Marcus Lee Hansen）的引用，来自他的文章《第三代移民的问题》（“The Problem of the Third Generation Immigrant”）。此文在奥斯卡 · 汉德林（Oscar Handlin）1952 年 11 月主编的《评论》（*Commentary*）中被再度刊印和推荐。据汉森所言，第二代移民满怀热情的期待被当作真正的美国人，且竭尽所能把自己与他们的过去进行切割，这种所谓的过去恰恰是第三代移民竭力复兴的，毕竟他们作为美国公民比前人更有安全感。实际上，汉森定律被扯得有点远了。正如沃纳 · 索勒斯指出的那样，包括汉森自己、奥斯卡 · 汉德林（不遗余力推广汉森定律的历史学家）以及我的父亲（他不断提倡书写移民史，在汉森英年早逝后，还帮他出版了最后两本遗作）都是在外国出生的美国公民们的儿子，即第二代移民。参见索勒斯的《超越族群》，第 128 页。

第 48 页贡纳尔 · 默达尔的引用，来自《反对浪漫化民族主义的案例研究》（“The Case Against Romantic Ethnicity”），对话研讨论文，民主制度研究中心，1974 年 5 月 13 日，第 9 页，第 17 页。

第 49 页关于“无法融合的族群”的引用，来自迈克尔 · 诺瓦克的《无法融合的族群的兴起》，纽约，1972 年。

第 49 页关于《族群遗产研究计划法》（Ethnic Heritage Studies Program Act）的部分主要依据阿瑟 · 曼的《一与众》，第 167—168 页。

二

第 52 页的引用，来自乔治 · 奥威尔（George Orwell）的《1984》，纽约，1949 年，第 251 页。

第 53 页欧内斯特 · 盖尔纳（Ernest Gellner）的引用，来自他的著作《思想与变迁》（*Thought and Change*），伦敦，1964 年，第 168 页。

第 54 页约 · 哈 · 普拉姆（J. H. Plumb）的引用，来自他的著作《过去的死亡》（*The Death of the Past*），波士顿，1969 年，第 40 页。

第 54—55 页以赛亚 · 柏林（Isaiah Berlin）的引用，来自他的著作《扭曲的人性之材》（*The Crooked Timber of Humanity*），伦敦，1990 年，第 246—247 页。

第 56 页埃里克 · 方纳（Eric Foner）的引用，来自他的文章《重修昨日新闻》（“Restructuring Yesterday's News”），《哈泼斯杂志》（*Harper's*），1990 年 12 月，第 70 页。

第 56 页家永三郎（Saburo Ienaga）的引用，来自他的著作《太平洋战争：第二次世界大战与日本（1931—1945）》（*The Pacific War：World War II and the Japanese, 1931—1945*），纽约，1978 年，第 6 页。也可参见史蒂文 · R. 韦斯曼（Steven R. Weisman）的文章《日本与战争：有关审查的讨论再度兴起》（“Japan and the War：Debate on Censors is Renewed”），《纽约时报》，1989 年 10 月 8 日。

第 57 页米夏埃尔 · 施蒂默尔（Michael Stürmer）的引用，来自理查德 · 约 · 埃文斯（Richard J. Evans）的《在希特勒的阴影中》（*In Hitler's Shadow*），纽约，1989 年，第 19 页，第 103 页，第 179 页。

第 57—58 页米兰 · 昆德拉（Milan Kundera）的引用来自他的著作《笑忘录》（*The Book of Laughter and Forgetting*），1979 年；企鹅版，1981 年，第 3 页，第 159 页。

第 58 页瓦茨拉夫 · 哈维尔（Vaclav Havel）的引用，来自亨利 · 卡姆（Henry Kamm）的文章《两位国家元首访问了瓦尔德海姆》（“Two Heads of State Call on Waldheim”），《纽约时报》，1990 年 7 月 27 日。

第 58 页小阿瑟 · M. 施莱辛格（Arthur M. Schlesinger, Jr.）祖父的引用，来自阿瑟 · M. 施莱辛格（Arthur M. Schlesinger, Sr.）的著作《一个国家的诞生》（*The Birth of the Nation*）前言部分，纽约，1968 年，第 5 页。

第 59 页安德鲁 · 哈克（Andrew Hacker）的引用来自他的文章《学校会教孩子们偏见吗？》（“Do Schools Teach Bias to Kids？”），《纽约新闻日报》（*New York Newsday*），1989 年 9 月 10 日。

第 60 页威廉 · 黑尔 · 汤普森（William Hale Thompson）的引用，来自阿瑟 · M. 施莱辛格的著作《回顾：历史学家的历史》（*In Retrospect：The History of a Historian*），纽约，1963 年，第 103—205 页。

第 61 页约翰 · 文 · 凯莱赫（John V. Kelleher）的引用，来自他的文章《远离蒂珀雷里》（“A Long Way From Tipperary”），《报导者》（*Reporter*），1960 年 5 月 12 日。

第62页佩吉·努南（Peggy Noonan）的引用，来自她的文章《新美国人需要知道什么》（“What New Americans Need to Know”），《华尔街日报》（*The Wall Street Journal*），1990年11月21日。

第62页艾伦·布卢姆（Allan Bloom）的引用，来自他的著作《美国精神的封闭》（*The Closing of the American Mind*），纽约，1987年，第29页，第56页。

第63页彼得·海尔（Pieter Geyl）的引用，来自他的著作《赞成与反对拿破仑》（*Napoleon For and Against*），1949年；游隼出版社（Peregrine），平装本，1965年，第18页。

第64页弗雷德里克·杰克逊·特纳（Frederick Jackson Turner）的引用，来自他的著作《美国边疆论》（*The Frontier in American History*），第24页。

第64页杜波依斯的引用，来自他的著作《美国的黑人重建》（*Black Reconstruction*），纽约，1935年，第725页，第727页。

第64页肯尼迪总统的引用，来自小阿瑟·M.施莱辛格的著作《一千天》（*A Thousand Days*），波士顿，1965年，第966页。

第65页赫伯特·阿普特克（Herbert Aptheker）的引用，来自对《威廉·斯蒂伦笔下的纳特·特纳：十位黑人作家的回答》（*William Styron's Nat Turner: Ten Black Writers Respond*）的前言部分，约翰·亨里克·克拉克（John Henrik Clarke）编，纽约，1968年，第7页。

第65页马尔科姆·X（Malcolm X）的引用，来自《在学校课程中添加有关非洲和非裔美国人的内容》（“The Infusion of African & African American Content in the School Curriculum”），摘自第二次全国大会的宣传册，亚特兰大，佐治亚州，1990年11月1日—4日。

第65页涉及黑人心理学家的观点，可参见诸如艾德蒙·W.戈登（Edmund W. Gordon）、菲尼斯·米勒（Fayneese Miller）和戴维·罗洛克（David Rollock）的文章《解决社会科学知识生产中的“群体中心偏差”现象》（“Coping with Communicentric Bias in Knowledge Production in the Social Sciences”）《教育研究者》（*Educational Researcher*），1990年4月。与白人学者一样，黑人学者同样无法避免玩弄概念。

第65—66页毛拉纳·卡伦加（Maulana Karenga）的引用，来自他的著作《黑人研究概论》（*Introduction to Black Studies*），洛杉矶，1982年，第42—23页。莫莱菲·凯特·阿桑特（Molefi Kete Asante）的评论

详见封底。

第 66 页毛拉纳 · 卡伦加的引用，来自拉里 · 库班（Larry Cuban）的文章《黑人历史与白人民俗》（“Black History and White Folk”），《星期六评论》（*Saturday Review*），1968 年 9 月 21 日。

第 66 页梅尔维尔 · 赫斯科维茨（Melville Herskovits）的引用，来自他的著作《黑人过去的神话》（*The Myth of the Negro Past*），纽约，1941 年，第 299 页。

第 67 页雅各布 · 戈登（Jacob Gordon）的引用，来自伊莎贝尔 · 威尔克森（Isabel Wilkerson）的文章《面对有关年轻男性的严峻数字，黑人设法结束当前惨状》（“Facing Grim Data on Young Males, Blacks Grope for Ways to End Blight”）《纽约时报》，1990 年 7 月 17 日。

第 67 页费利克斯 · 博阿滕（Felix Boateng）的引用，来自《去上学：非裔美国人的经历》（*Going to School: The African-American Experience*），科菲 · 罗蒙迪（Kofi Lomotey）编，奥尔巴尼，1990 年，第 14 页，第 73 页，第 79 页。

第 67 页毛拉纳 · 卡伦加的引用，来自《黑人研究概论》，第 25—27 页。

第 67 页莫莱菲 · 凯特 · 阿桑特的引用，来自德布拉 · 维亚德罗（Debra Viadero）的文章《多元文化教育之争愈演愈烈》（“Battle Over Multicultural Education Rises in Intensity”），《教育周刊》（*Education Week*），1990 年 11 月 28 日，第 11 页。第 68 页他的引用来自卡罗尔 · 英纳斯特（Carol Innerst）的文章《把非洲置于地图上》（“Putting Africa on the Map”），《华盛顿时报》（*The Washington Times*），1990 年 11 月 13 日。

第 68 页克莱尔 · 雅各布斯（Clare Jacobs）的引用，来自简 · 考尔顿（Jane Caulton）的文章《华盛顿特区与其他学校系统一起推动非洲中心论的改革》（“D. C. Joins Other School Systems in Push for Afrocentric Reforms”），《华盛顿时报》，1990 年 8 月 6 日。

第 68 页查尔斯 · 威利（Charles Willie）的引用，来自格伦 · M. 里基特（Glenn M. Rickett）的文章《多元文化主义动员》（“Multiculturalism Mobilizes”），《学术问题》（*Academic Questions*），1990 年夏季刊，第 64 页。

第 68 页引用的一位学者的观点，来自 I. A. 纽比（I. A. Newby）的文章《历史学家与黑人》（“Historians and Negroes”），《黑人历史杂志》（*Journal of Negro History*），1990年1月，第33页。

第68页阿萨·希利亚德（Asa Hilliard）的引用，来自安东尼·德帕尔马（Anthony DePalma）的文章《文化问题》（“The Culture Question”），《纽约时报》教育增刊，1990年11月4日。

第68—69页纳伊拉姆·阿克巴尔（Na'im Akbar）的引用，来自乔伊斯·布拉登·哈里斯（Joyce Braden Harris）的《非洲和非裔美国人的语言艺术传统》（*African and African-American Traditions in Language Arts*），波特兰基准论文（Portland Baseline Essay），第30页。

第69页有关埃伯尼语的论争，引自路易·梅南（Louis Menand），《约翰尼好样的》（“Johnny Be Good”），《纽约客》（*The New Yorker*），1997年1月13日；或参见鲁本·阿巴蒂（Reuben Abati）1997年1月23日刊登于《巴尔的摩太阳报》（*The Baltimore Sun*）的文章；或阿尔·沙普顿（Al Sharpton）1996年12月23日在《纽约邮报》（*The New York Post*）上的文章。

第70页阿莫斯·威尔逊（Amos Wilson）的引用，来自毛拉纳·卡伦加的《黑人研究概论》，第338—340页。

第70—71页莫莱菲·凯特·阿桑特的引用，来自他的著作《非洲中心论》（*Afrocentricity*），修订本，特伦顿，1998年，第1页，第2页，第20页，第38页，第43页，第67页。

第73页伦纳德·杰弗里斯（Leonard Jeffries）的引用，来自约瑟夫·伯杰（Joseph Berger）的文章《教授们关于种族的理论在市立学院引起了骚动》（“Professors' Theories on Race Stir Turmoil at City College”），《纽约时报》，1990年4月20日；以及蒂姆·斯波福德（Tim Spofford）的文章《教授说，州立学校扼杀了黑人文化》（“State's Schools Smother Black Culture, Professor Says”），《时代联合报》（*The Times Union*），奥尔巴尼，纽约，1990年3月22日。或参见卡罗尔·英纳斯特的文章《把非洲置于地图上》（“Putting Africa on the Map”）。

第73—74页关于新课纲的引用来自《包容性课程设置，一份少数族裔工作小组专员的报告：公平与卓越》（“A Curriculum of Inclusion, Report of the Commissioner's Task Force on Minorites: Equity and Excellence”），1989年7月，第iii页，第iv页，第1页，第16页，第21页，第34页，第35页，以及附录部分的第9页，第24页，第25

页。反对“奴隶”一词的评论者为耶鲁大学心理学系的西贝莱·雷弗（Cybele Raver），参见他 1990 年 12 月 17 日写给纽约州教育局的埃德·莱勒（Ed Lalor）的备忘录。

第 74 页阿萨·希利亚德的引用，来自他的文章《解放思想，回归本源：文明的非洲起源》（“Free Your Mind, Return to the Source: The African Origin of Civilization”），油印本，第 6 页，第 12 页，第 19 页，第 21 页，第 23 页。

第 75 页约翰·亨里克·克拉克的引用来自《关于非裔美国人基准论文的社会研究》（*Social Studies African-American Baseline Essay*），波特兰，1987 年，第 4 页，第 8—11 页，第 56 页，第 60 页。

第 76 页有关其他“基准论文”的观点引用，来自迈克尔·D. 哈里斯（Michael D. Harris）的著作《非裔美国人的艺术传统和发展》（*African-American Art Traditions and Developments*），波特兰，1987 年，第 2 页。

第 76 页伦纳德·杰弗里斯的引用，来自蒂姆·斯波福德的文章《教授说，州立学校扼杀了黑人文化》。

第 76 页有关拿破仑的段落，引自卡罗尔·英纳斯特的文章《种族多元的教育目的在于挖掘历史上不为人知的故事》（“Multiethnic Education Aims for History's Untold Stories”），《华盛顿时报》，1990 年 11 月 13 日。

第 77 页爱德华·瓦·萨义德（Edward W. Said）的引用，来自他的文章《蒙昧大军夜间遭遇》（“Ignorant Armies Clash by Night”），《国家杂志》，1991 年 2 月 11 日。

三

第 80 页的引用，来自罗杰·金博尔（Roger Kimball）的文章《外围与中心：芝加哥的现代语言协会》（“The Periphery vs. the Center: The MLA in Chicago”），《新准则》（*The New Criterion*），1991 年 2 月，第 17 页。

第 81 页小阿瑟·M. 施莱辛格的引用，来自他的文章《民族主义与历史》（“Nationalism and History”），《黑人历史杂志》，1969 年 1 月，第 19 页。

第 82 页小弗兰克 · M. 斯诺登（Frank M. Snowden Jr.）的引用，来自他的文章《伯纳尔的“黑人”、希罗多德和其他经典著作》（“Bernal's ‘Blacks’, Herodotus, and Other Classical Evidence”）《阿瑞托萨》（*Arethusa*），1989 年秋季刊，第 83 页，第 84 页。

第 83 页弗兰克 · 约 · 犹科（Frank J. Yurco）的第一处引用来自他的《古埃及人是黑人还是白人》（“Were the Ancient Egyptians Black or White?”），《圣经考古学评论》（*Biblical Archeology Review*），1989 年 9—10 月。第二处引用来自他 1990 年 11 月 14 日致埃里克 · 马特尔（Erich Martel）的信。马特尔先生曾竭尽全力说服华盛顿教育体系，让他们相信非洲中心论的课程设置徒有其表。

第 83 页提到的玛丽 · 罗 · 莱夫科维兹（Mary R. Lefkowitz）的著作是《不是出自非洲：非洲中心主义怎样沦为人们把虚构故事当做历史来教授的借口》（*Not Out of Africa: How Afrocentrism Became an Excuse to Teach Myth as History*），纽约，1996 年。夸 · 安东尼 · 阿皮亚（K. Anthony Appiah）的评论在书衣上。也可参见莱夫科维兹和 G. M. 罗杰斯（G. M. Rogers）编著的《黑色雅典娜评述》（*Black Athena Revisited*），教堂山，1996 年。

第 84 页卡特 · 戈 · 伍德森（Carter G. Woodson）的引用，来自他的著作《我们历史中的黑人》（*The Negro in Our History*），华盛顿，1992 年，第 10 页。

第 84 页有关莱 · 皮尔斯 · 威廉斯（L. Pearce Williams）的段落引用，来自他的文章《是埃及创立了几何定理吗？》（“Did Egypt Originate Geometry Theorem?”），《纽约时报》，1991 年 2 月 14 日。

第 84 页黛安娜 · 拉维奇（Diane Ravitch）的引用，来自她的文章《多元文化主义》（“Multiculturalism”），《美国学人》（*American Scholar*），1990 年夏季刊，第 347 页。

第 85 页有关查尔斯 · 理 · 德鲁（Charles R. Drew）的引用，来自 H. H. 亚当斯三世（H. H. Adams III）的文章《非洲和非洲裔美国人对科学和技术的贡献》（“African and Afican-American Contributions to Science and Technology”），波特兰，1987 年，第 77 页。我要感谢黛安娜 · 拉维奇对个中观点的纠正并贡献了很多与此相关的事实与见解。斯彭西 · 洛夫（Spencie Love）的引用，来自她的著作《一滴血：查尔斯 · 理 · 德鲁的死亡与重生》（*One Blood: The Death and Resurrection of Charles R. Drew*），

教堂山，1996 年。

第 85 页提到的记者是比尔·格雷夫斯（Bill Graves）。他的引用来自他的文章《非洲化的历史让人大开眼界》（“Africanized History Opens Eyes”），《波特兰俄勒冈人报》（*Portland Oregonian*），1990 年 11 月 18 日。

第 87 页韦德·诺布尔斯（Wade Noble）的引用，来自毛拉纳·卡伦加的著作《黑人研究概论》。

第 87 页利奥波德·桑戈尔（Leopold Senghor）的引用，来自罗杰·沙特克（Roger Shattuck）和桑巴·卡（Samba Ka）的文章《重生的非洲》（“Born Again African”），《纽约书评》，1990 年 12 月 20 日。

第 87—88 页戴维·沃克（David Walker）的引用，来自劳伦斯·H. 富克斯（Lawrence H. Fuchs）的著作《美国万花筒》（*The American Kaleidoscope*），汉诺威，1990 年，第 151 页。

第 88 页弗雷德里克·道格拉斯（Frederick Douglass）的引用，来自他的文章《非洲文明社会》（“African Civilization Society”），《道格拉斯月刊》（*Douglass' Monthly*），1859 年 2 月，此文还被收录于菲利普·谢·福纳（Philip S. Foner）编的《弗雷德里克·道格拉斯的生活与作品》（*Life and Writings of Frederick Douglass*），纽约，1950 年，第 2 卷，第 443 页。

第 88 页的引用，来自戴维·格伯（David Gerber）的《俄亥俄黑人与肤色分界线（1860—1915）》（*Black Ohio and the Color Line, 1860—1915*），厄巴纳，1976 年，第 182 页，同时也被朱迪思·斯坦（Judith Stein）在《族群的发明》（*The Invention of Ethnicity*），纽约，1989 年中引用，该书由沃纳·索勒斯（Werner Sollors）编，第 81 页。

第 88 页杜波依斯的引用，来自《黎明的黄昏》（*Dusk of Dawn*），第 116 页；以及《杜波依斯作品集》（*Writings*），美国文库，第 639 页，第 755 页；还可参见迈耶·温伯格（Meyer Weinberg）编著的《杜波依斯读本》（*W. E. B. Du Bois：A Reader*），纽约，1970 年，第 373 页；或参见奥兰多·帕特森（Orlando Patterson）的文章《反思黑人历史》（“Rethinking Black History”），《哈佛教育评论》（*Harvard Educational Review*），1971 年 8 月，第 310 页。重点为笔者所加。

第 89 页艾布拉姆·林·哈里斯（Abram L. Harris）的引用，来自他的著作《种族、激进主义和改革》（*Race, Radicalism, and Reform*），以

及 J. S. 巴特勒（J. S. Butler）的文章《多重身份》（“Multiple Identities”），《社会》（*Society*），1990 年 5—6 月，第 9 页。

第 89 页霍勒斯·曼·邦德（Horace Mann Bond）的引用来自《纽约时报》，1959 年 6 月 27 日；也可参见米尔顿·戈登的著作《美国生活中的同化》，第 15 页，第 113 页。

第 89 页马丁·路德·金（Martin Luther King Jr.）的引用，来自罗伯特·佩恩·华伦（Robert Penn Warren）的著作《谁在为黑人说话》（*Who Speaks for the Negro*?），纽约，1965 年，第 216 页。

第 90 页有关亚历克斯·哈利（Alex Haley）的段落引用，来自沃纳·索勒斯的《族群的发明》，第 227 页。

第 91 页勒鲁瓦·琼斯（LeRoi Jones）的引用，来自他的著作《家》（*Home*），纽约，1966，第 111 页。

第 91 页有关阿瑟·史密斯（Arthur Smith）的段落引用，来自莫莱菲·凯特·阿桑特的著作《非洲中心论》，第 29 页。还可参见威廉·拉斯伯里（William Raspberry）的文章《欧洲的、非洲的以及其他奇怪的“中心”》（“Euro, Afro and Other Eccentric ‘Centrics’”），《华盛顿邮报》，1990 年 9 月 10 日。

第 91—92 页韦德·诺布尔斯的引用，来自安德鲁·沙利文（Andrew Sullivan）在自己文章《种族主义 101》（“Racism 101”）中的解释，刊登于《新共和》（*The New Republic*），1990 年 11 月 26 日；以及卡罗尔·英纳斯特的文章《种族多元的教育目的在于挖掘历史上不为人知的故事》，《华盛顿邮报》，1990 年 11 月 13 日。

第 92 页南森·哈金斯（Nathan Huggins）的引用，来自他发表在《中心杂志》（*Center Magazine*）上的文章，1974 年 7—8 月刊；也可参见沃纳·索勒斯的著作《超越族群》，第 13 页，第 14 页。

第 92 页有关阿桑特教授的段落来自他 1989 年 4 月 6 日在莱德学院（Rider College）的演讲，A.F. 斯克鲁普斯基（A.F. Scrupski）的文章《多元文化主义：披着教育羊皮的政治狼》（“Multiculturalism: Political Wolf Under Educational Sheepskin”）也引用过，刊登在《权衡》（*Measure*），1990 年 2—3 月刊，第 4 页。

第 92 页威廉·拉斯伯里的引用，来自他的文章《欧洲的、非洲的以及其他奇怪的“中心”》。

第 93 页戴维·里斯曼（David Riesman）的引用来自乔纳森·齐默尔

曼（Jonathan Zimmerman）的文章《超越双重意识：非洲黑人和平队志愿者（1961—1971）》（“Beyond Double Consciousness：Black Peace Corps Volunteers in Africa，1961—1971”），《美国历史杂志》（*Journal of American History*），1995年12月，第1001页。

第93页亨利·亚当斯（Henry Adams）的引用来自《教育》（*Education*），第16章。

第94页的引用，来自加利福尼亚任务小组的报告《走向一种自尊的状态》（*Toward a State of Self-Esteem*），1960年，第4页。

第95页来自纽约工作组的报告的引用还可参见《一个国家，多民族：文化相互依存的宣言》（“One Nation，Many Peoples：A Declaration of Cultural Interdependence”），《纽约州社会研究审查和发展委员会的报告》（Report of the New York State Social Studies Review and Development Committee），1991年6月。

第95页理查德·罗德里格斯（Richard Rodriguez）的引用，来自他的著作《道义之日》（*Days of Obligation*），纽约，1992年，第169页。

第96页弗雷德里克·道格拉斯的引用，来自他的著作《美国奴隶弗雷德里克·道格拉斯生平自述》（*Narrative of the Life of … an American Slave*），1845年；铁锚书系，1989年，第42页，第43页，以及他的另一本著作《我的枷锁与我的自由》（*My Bondage and My Freedom*），纽约，1855年，第156—158页。

第97页杜波依斯的引用，来自他的著作《黑人的灵魂》（*The Souls of Black Folk*）；也可参见《杜波依斯作品集》，美国文库，第438页。

第97页拉尔夫·埃利森（Ralph Ellison）的第一处引用来自吉姆·斯利珀（Jim Sleeper）的著作《最亲密的陌生人》（*The Closest of Strangers*），纽约，1990年，第234页；后一处引用来自《新共和》，1990年12月24日。

第97页斯特林·布朗（Sterling Brown）、阿瑟·保·戴维斯（Arthur P. Davis）、尤利塞斯·李（Ulysses Lee）的引用来自他们编写的书《黑人行旅：美国黑人的作品》（*The Negro Caravan：Writings by American Negroes*），纽约，1941年，第6页，第7页。

第99页威廉·拉斯伯里的引用，来自他的文章《欧洲的、非洲的以及其他奇怪的“中心”》。

第99页雅克·巴尔赞（Jacques Barzun）的引用来自他1991年2月

26 日写给黛安娜·拉维奇（Diane Ravitch）的一封信。

第 100 页阿·阿·朔姆堡（A.A. Schomburg）的引用来自本杰明·夸尔斯（Benjamin Quarles）的文章《历史学家欠了黑人什么》（“What the Historian Owes the Negro”），《星期六评论》，1966 年 9 月 3 日。

第 100 页奥兰多·帕特森的引用，来自他的文章《反思黑人历史》，第 305 页。

第 100 页约翰·霍普·富兰克林（John Hope Franklin）的引用，来自他的著作《种族与历史》（*Race and History*），巴吞鲁日，1989 年，第 ix 页。

第 100—101 页阿萨·希利亚德的引用，来自比尔·格雷夫斯的文章《非洲化的历史让人大开眼界》（“Africanized History Opens Eyes”）。

唐·史密斯（Don Smith），纽约市立大学伯鲁克分校教育系系主任，是第 101 页提到的纽约特别工作组报告的捍卫者。卡蒂·格雷（Katti Gray）的文章《黑人团体为课程安排一事集会》（“Black Group Rallying for Curriculum”）也引用过，刊登在《每日新闻报》（*Newsday*），1990 年 7 月 22 日。

第 101—101 页黛安娜·拉维奇的引用来自她的文章《历史与骄傲的风险》（“History and the Perils of Pride”）手稿；也可参见德布拉·维亚德罗的文章《历史课程在美国最大的州引发了争议》（“History Curricula Stir Controversy in Largest State”），《教育周刊》，1990 年 8 月 1 日，以及《多元文化教育之争愈演愈烈》，《教育周刊》，1990 年 11 月 28 日；或参见德克斯特·沃（Dexter Waugh）的文章《加州的少数族裔反对“沙文主义”的教科书》（“California Minorities Fight ‘Chauvinistic’ School Books”），《华盛顿时报》，1991 年 1 月 30 日。

第 102 页有关易洛魁（Iroquois）游说的段落引用，来自黛安娜·拉维奇的文章《多元文化主义》，《美国学人》，1990 年夏季刊，第 346 页，第 347 页。威廉·A. 斯塔尔纳（William A. Starna）的信件《谁的历史将被教授？》（“Whose History Will Be Taught?”）《纽约时报》，1990 年 3 月 7 日。或可参见马克·奥本海默（Mark Oppenheimer）的文章《部落习俗》（“Tribal Lore”），《通用语》（*Lingua Franca*），1997 年 3 月。有关爱尔兰饥荒的法案是国会第 6510 号法案，某种程度上修改了国家教育法。

第 103 页那位本州的退休历史教师是艾伦·L. 本诺斯基（Alan L.

Benosky），引自他的信件，刊登于1990年7月15日的《每日新闻报》。

第103页的引用，来自纽约州立大学历史系，以及纽约州立大学布鲁克波特历史系主任肯尼斯·P. 奥布莱恩（Kenneth P. O'Brien）1990年11月25日写给纽约州立大学研究生院的一封信。

第103—104页富兰克林·詹妮弗（Franklyn Jenifer）的引用，来自雅各布·韦斯伯格（Jacob Weisburg）与詹妮弗的访谈，名曰《富兰克林·詹妮弗：带霍华德大学走进贫民区》（“Franklyn Jenifer：Taking Howard University Into Slum Neighborhoods”），《洛杉矶时报》，1991年2月10日。

第104页戈尔·维达尔（Gore Vidal）的引用，来自乔恩·威纳（Jon Wiener）的文章《“松鼠型”学者与国家安全状态：戈尔·维达尔访谈录》（“The Scholar Squirrels and the National Security State：An Interview with Gore Vidal”），《激进历史评论》（*Radical History Review*），1989年春季刊，第136页。

四

第106页的引用，参见威廉·拉斯伯里的文章《欧洲的、非洲的以及其他奇怪的“中心”》。

第107页首席大法官沃伦（Warren）的引用，来自布朗诉托皮卡教育委员会案（*Brown v.Board of Education of Topeka*），347卷，第483页，1954年。

第107页费利克斯·博阿滕和贾尼丝·黑尔-本森（Janice Hale-Benson）的引用，来自科菲·罗蒙迪编的《去上学：非裔美国人的经历》，第82页，第216页。

第108页的引用提到的宾夕法尼亚大学教授是艾伦·科尔斯（Alan Kors）。他的引用，来自莫娜·查伦（Mona Charen）的文章《一场败仗vs.校园思想巡警》（“A Losing Battle v. Campus Thought Police”），《每日新闻报》，1990年12月5日。

第108页有关布朗大学的引用，来自玛丽·乔丹（Mary Jordan）的文章《大学重新考虑自愿隔离》（“Colleges Rethink Voluntary Segregation”），《国际先驱论坛报》（*International Herald Tribune*），1994年3月8日。

第 108 页雅各布 · 韦斯伯格（Jacob Weisberg）的引用，来自他的文章《极度脆弱敏感》（“Thin Skins”），《新共和》，1991 年 2 月 8 日。

第 108 页有关中央密歇根大学的一位黑人学生的引用，来自《高等教育纪事报》（*Chronicle of Higher Education*），参见迪内希 · 德 · 索萨（Dinesh D'Souza）的文章《校园里的新隔离》（“The New Segregation on Campus”），《美国学人》，1991 年冬季刊，第 19 页。

第 108—109 页塞克尼希亚 · 福德姆（Signithia Fordham）的引用，来自塞思 · 迈登斯（Seth Mydans）的文章《黑人身份 vs. 成就与看似“白人”》（“Black Identiy vs. Success and Seeming ‘White’”），《纽约时报》，1990 年 4 月 25 日。

第 109 页有关加州大学伯克利分校教师预算委员会的引用，来自斯蒂芬 · R. 巴尼特（Stephen R. Barnett）的文章《回来》（“Get Back”），《新共和》，1991 年 2 月 18 日。

第 109 页小亨利 · 路易斯 · 盖茨（Henry Louis Gates，Jr.）的引用，来自《底特律新闻报》（*The Detroit News*），1991 年 1 月 31 日。

第 109 页约翰 · 霍普 · 富兰克林的引用，来自他的著作《种族与历史》，第 301 页。

第 109 页关于乔纳森 · 普赖斯（Jonathan Pryce）的引用，来自默文 · 罗斯坦（Mervyn Rothstein）的文章《联盟禁止白人饰演亚裔角色》（“Union Bars White in Asian Role”），《纽约时报》，1990 年 8 月 8 日；约瑟夫 · C. 克内南（Joseph C. Koenenn）的文章《努力寻求妥协》（“Efforts at Casting Compromise”），《每日新闻报》，1990 年 8 月 10 日。演员权益协会后来废除了对乔纳森 · 普赖斯的禁令。

第 110 页雪莉 · 麦克雷恩（Shirley Maclaine）的引用，来自小阿瑟 · M. 施莱辛格的《没有实质性差别》（“Same Difference”），《美国剧院杂志》（*American Theatre*），1993 年 4 月。

第 110 页奥古斯特 · 威尔逊（August Wilson）的引用，来自他的文章《我想要一位黑人导演》（“I Want a Black Director”），《纽约时报》，1990 年 9 月 26 日。

第 111—112 页肯尼斯 · 班 · 克拉克（Kenneth B. Clark）的引用，来自他的《安蒂奥克学院董事会辞职信》（“Letter of Resignation From Board of Directors of Antioch College”），《黑人研究：神话与现实》（*Black Studies: Myths & Realities*），纽约，1969 年，第 32 页，由贝亚德 · 拉斯廷

（Bayard Rustin）介绍。

第112页关于用德语印刷联邦法律的提案的文段，可参见丹尼斯·巴伦（Dennis Baron）1989年刊登在《泰晤士报文学增刊》（*Times Literary Supplement*）（1989年9月1—7日）的澄清信。

第113页小阿尔弗雷德·马修（Alfredo Mathew Jr.）的引用，来自罗莎莉·佩达利诺·波特（Rosalie Pedalino Porter）的著作《花言巧语》（*Forked Tongue*），纽约，1990年，第7页。

第113—114页理查德·罗德里格斯的引用，来自他的文章《单语制，不是单方面的》（"Unilingual, Not Unilateral"），《华尔街日报》，1985年6月25日。关于他的第二处引用来自他的著作《回忆饥饿》（*Hunger of Memory*），波士顿，1982年，第19页，第27页。

第114页马里奥·科莫的引用，来自威廉·E. 洛伊希滕伯格（William E. Leuchtenburg）的文章《大多数美国人不知道林肯真正代表的是什么》（"Most Americans Don't Know What Lincoln Really Represents"），《美国遗产杂志》（*American Heritage*），1990年12月，第59页，第60页。

第114页罗莎莉·佩达利诺·波特的引用，来自她的著作《花言巧语》，第217页，第218页。也可参见另外两篇文章《双语教育扼杀了少数族裔儿童的未来》（"Bilingual Education Has Muted the Future for Minority Children"），《华盛顿邮报国家周刊》（*Washington Post National Weekly*），1990年4月30日—5月6日，《英语沉浸式学习的案例》（"The Case for English Immersion"），《教师杂志》（*Teacher Magazine*），1990年8月。

第115页援引莎士比亚反对修正案的国会议员是来自新泽西的小弗兰克·帕洛内（Frank Pallone, Jr.），刊登于《美国国会记录》（*Congressional Record*），1996年8月1日，第H9755页。

第116页莱茵霍尔德·尼布尔（Reinhold Niebuhr）的引用，来自他的著作《人性与社会》（*Man's Nature and His Communities*），纽约，1965年，第84页。

第117页爱德华·科克（Edward Koch）的引用，来自他的文章《当杰出的黑人卷入公开的种族歧视时》（"When Prominent Blacks Engage in Overt Racism"），《纽约邮报》（*New York Post*），1991年8月16日。

第117页伦纳德·杰弗里斯和威廉·拉斯伯里的引用，来自贾森·

德帕尔（Jason DeParle）的文章《有关政府刻意给黑人“挖坑”的说法更应引起关注》（“Talk of Government Being Out to Get Blacks Falls on More Attentive Ears”），《纽约时报》，1990年10月29日。

第118页理查德·罗德里格斯的引用，来自他的文章《单语制，不是单方面的》。

第119页有关密歇根大学海报的片段来自迪内希·德·索萨的文章《狭隘的教育》（“Illiberal Education”），《大西洋》（*The Atlantic*），1991年3月，第52页。

第119页奥利弗·温德尔·霍姆斯（Oliver Wendell Holmes）大法官的引用，来自美国诉施维默案（*United States v. Schwimmer*），第279卷，第644页，1928年。

第119页有关第一修正案相关争论的更多信息，参见玛丽·埃伦（Mary Ellen）那篇对我来说尽管有趣却缺乏说服力的文章《论遏制种族主义言论》（“On Curbing Racial Speech”），《负责任的社群》（*The Responsive Community*），1990—1991年冬季刊，第47—61页。

第119—120页有关美国公民自由联盟（American Civil liberties Union）的文段，引自安东尼·德帕尔马的文章《与偏见作斗争，校园面临言论自由之战》（“Battling Bias, Campuses Face Free Speech Fight”），《纽约时报》，1991年2月20日。

第120页肯尼斯·班·克拉克的引用，来自他的《安蒂奥克学院董事会辞职信》，第33页。

第120页迪内希·德·索萨的评论，引自他的文章《新种族隔离》（“The New Segregation”），《美国学人》，1995年冬季刊，第21页。

第120—121页史密斯学院学生事务办公室的公告，来自约翰·泰勒（John Taylor）的文章《你政治正确吗？》（“Are You Politically Correct?”），《纽约客》，1991年1月21日。

第121页有关哲学家的引用来自莫娜·查伦的文章《一场败仗vs.校园思想巡警》。

第121—122页有关伯纳德·贝林（Bernard Bailyn）和斯蒂芬·特恩斯特伦的引用来自堡拉·福特（Paula Ford）和佩内洛普·科德林顿（Penelope Codrington）于1988年3月9日写给特恩斯特伦的一封信。

第122—123页关于一个学生与宾夕法尼亚大学的“多样性教育委员会”的通信，引自科尔斯的文章《院长现在禁止的是言论，不是性》

（“It's Speech, Not Sex, the Dean Bans Now”），《华尔街日报》，1989年10月12日。

第124页西奥多·罗斯福的引用，来自他的著作《西奥多·罗斯福文集（纪念版）》（*Works*, Memorial edition），纽约，1923—1926年，第20章，第456页。

五

第127页斯蒂芬·特恩斯特伦的引用，来自他的文章《少数族裔占多数模式永远不会出现》（“The Minority Majority Will Never Come”），《华尔街日报》，1990年7月26日。

第127页论及历史学家有关最后一段的有力论述，参见小奥蒂斯·格雷厄姆（Otis Graham, Jr.）的文章《移民与国家利益》（“Immigration and the National Interest”），刊登在戴维·希姆科克斯（David Simcox）编的《1980年代的美国移民：重新评估和改革》（*U.S. Immigration in the 1980s: Reappraisal and Reform*），西景出版社（Westview Press），1988年，第124—136页。

第128页的引用，是南森·纽曼（Nathan Newman）写给《异议》（*Dissent*）编辑的，1989年夏季刊，第413页。

第129页有关欧洲古典乐的引用来自克莱德·莫尼亨（Clyde Moneyhun）的一封信《文化残次品》（“Culture Schlock”），《新共和》，1991年3月4日，也可参见爱德华·罗斯坦的文章《超越贝多芬》（“Roll Over Beethoven”），《新共和》，1991年2月4日。

第129页有关美国国家人文基金会的文段，来自琳内·V. 切尼（Lynne V. Cheney）的著作《50个小时：大学生的核心课程》（*Fifty Hours: A Core Curriculum for College Students*），华盛顿，1989年，第7页。

第129页关于必修有关第三世界或族群研究的课程的引用，来自迪内希·德·索萨的文章《狭隘的教育》，第53页。

第130页莱·皮尔斯·威廉斯的引用，来自他的文章《是埃及创立了几何定理吗？》。

第131页提到的第一位教授是亨利·阿·吉鲁（Henry A. Giroux）。他的引用来自约翰·希尔勒（John Searle）的文章《大学遭遇暴风雨》

（“The Storm Over the University”），《纽约书评》，1990 年 12 月 6 日。

第 131 页提到的第二位教授是来自杜克大学的斯坦利 · 豪尔瓦斯（Stanley Hauerwas）。他的引用来自帕姆 · 凯利（Pam Kelly）的文章《对于杜克大学的教授们来说，激烈的争论是该教什么》（“For Duke Profs, The Hot Debate Is What to Teach”），《夏洛特观察报》（*The Charlotte Observer*），1990 年 9 月 8 日。如此一来我已经把杂志一本正经谈到“某洞”的那条引用信息补全了。

第 131 页有关马克思主义者的文段，引用自欧文 · 豪（Irving Howe）令人钦佩的论文《信条的价值》（“The Value of the Canon”），《新共和》，1991 年 2 月 18 日。

第 134 页基思 · B. 里奇伯格（Keith B. Richburg）的引用，来自他的文章《一个在非洲的美国黑人》（“A Black American in Africa”），《华盛顿邮报国家周刊》，1995 年 4 月 10—16 日，以及他的著作《远离美国：一个黑人面对非洲》（*Out of American: A Black Man Confronts Africa*），纽约，1997 年。

第 134 页有关阿尔及利亚妇女的文段来自弗朗茨 · 法农（Frantz Fanon）的著作《垂死的殖民主义》（*A Dying Colonialism*），伦敦，1965 年，第 37 页，第 46 页。

第 135 页玛格丽特 · 撒切尔（Margaret Thatcher）的引用，来自戴维 · S. 布罗德（David S. Broder）的文章《她对美国的看法有着欧洲式的犬儒主义倾向》（“Her View of the U.S. Had a Euro-Cynical Bent”），《国际先驱论坛报》，1991 年 3 月 13 日。

第 136—137 页劳伦斯 · H. 富克斯的引用，来自《美国万花筒》，第 492 页。

第 137 页默达尔的引用，来自《美国困境》，第 50 页。

第 138 页理查德 · 阿尔巴（Richard Alba）的引用，来自他的著作《种族认同：美国白人的转变》（*Ethnic Identity: The Transformation of White America*）。有关讨论可以参见安德鲁 · 哈克的文章《跨国的美国》（“Trans-National America”），《纽约书评》，1990 年 11 月 22 日。

第 138 页有关 1996 年西班牙裔家长的调查由市场开发公司（Market Development, Inc.）进行，题目为《学英语的重要性》（*The Importance of Learning English*），1996 年 9 月 5 日由机会平等中心（the Center for Equal Opportunity）发布。

第 138 页笔会在纽约举办拉丁文学节由雅克·阿格罗斯（Jack Agueros）报道，《别再提“拉丁化”：我们是美国作家》（“No More ‘Barrio-ization’：We Are American Writers”），《笔会通讯》（*PEN-Newsletter*），1996 年秋季刊。

第 138—139 页有关拉丁裔美国人和历史上的伟大领袖的引用，来自劳伦斯·H. 富克斯的《美国万花筒》，第 261 页。

第 139 页安德鲁·哈克教授的引用，来自《纽约每日新闻报》（*New York Newsday*），1994 年 1 月 4 日。

第 141 页来自约翰·海厄姆（John Higham）的引用，来自《文化战争中的历史》（“History in the Culture Wars”），美国历史学家组织通讯（Organization of American Historians *Newsletter*），1997 年 5 月；帕特丽夏·纳尔逊·利默里克（Patricia Nelson Limerick）的引用，来自她 1997 年的美国研究协会主席演讲。

第 141 页赫伯特·克罗利（Herbert Croly）的引用，来自他的著作《美国生活的希望》（The Promise of American Life），纽约，1909 年，第 139 页，第 194 页。克罗利谈论的是阶级，而不是种族划分——事实上，他更相信黑人的出身低贱——但他的总体观点仍然站得住脚。

第 142—143 页，第 144 页奥兰多·帕特森的引用，来自《白人，黑人》（“White Man， Black Man”），《纽约时报》，1992 年 5 月 3 日，以及《种族、性别和自由主义谬论》（“Race， Gender and Liberal Fallacies”），《纽约时报》，1991 年 10 月 20 日。

第 143 页詹姆斯·鲍德温（James Baldwin）的引用，来自他的论文《对作为一个美国人究竟意味着什么的探索》（“The Discovery of What It Means to Be an American”），由小亨利·路易斯·盖茨摘自《国家》（*Nation*），1991 年 7 月 15/22 日。

第 144 页托克维尔的引用，来自《旧制度与大革命》（*The Old Regime and the French Revolution*），第 3 部分，第 4 章。

第 144 页黛安娜·拉维奇的引用，来自她的文章《多元文化主义》，第 339 页。

结语

第 151 页威廉·拉斯伯里的评论，来自《华盛顿邮报》，1991 年 9

月 4 日。

第 152 页埃里克 · 霍布斯鲍姆（Eric Hobsbawm）的引用，来自《身份政治与左派》（“Identity Politics and the Left”），《新左翼评论》（*New Left Review*），1996 年 5—6 月。

第 152—153 页托德 · 吉特林（Todd Gitlin）的引用，来自吉特林的著作《共同梦想的曙光》（*The Twilight of Common Dreams*），纽约，1995 年，第 230 页，第 84 页。

第 154 页霍姆斯大法官的引用，来自申克诉合众国案（*Schenck* v. *United States*），第 249 卷，第 47 页，第 52 页，1919 年。布兰代斯大法官的引用，来自惠特尼诉加利福尼亚州案（*Whitney* v. *California*），第 274 卷，第 357 页，第 375 页。

第 154 页霍姆斯大法官的引用，来自美国诉施维默案，第 279 卷，第 644 页，第 655 页，1929 年。

第 155 页杰克逊大法官的引用，来自西弗吉尼亚教育局诉巴尼特案（*West Virginia State Board of Education* v. *Barnette*），第 319 卷，第 624 页，第 642 页。

第 156 页布伦南大法官的引用，来自得克萨斯州诉约翰逊案（*Texas* v. *Johnson*），第 491 卷，第 397 页，第 414 页。

第 156 页有关小亨利 · 路易斯 · 盖茨的引用，来自他的文章《让他们发言》（“Let Them Talk”），《新共和》，1993 年 9 月 20 日。

第 157 页凯瑟琳 · 艾布拉姆斯（Kathryn Abrams）的引用，来自《蔓延的专制主义和道德贫困：对言论自由的限制》（“Creeping Absolutism and Moral Impoverishment: The Case for Limits on Free Expression”），载于美国学术团体协会不定期文件（American Council of Learned Societies, Occasional Paper）第 22 号，摘自著作《美国学术生活表达的界限》（*The Limits of Expression in American Intellectual Life*），纽约，1993 年，第 1 页，第 3 页。

第 158 页联合国公约的引用，来自罗德尼 · A. 斯莫拉（Rodney A. Smolla）的著作《开放社会中的自由言论》（*Free Speech in an Open Society*），纽约，1992 年，第 356 页。

第 159 页凯瑟琳 · 麦金农（Catharine MacKinnon）的引用，来自她的著作《言辞而已》（*Only Words*），1993 年，同时在罗纳德 · 德沃金（Ronald Dworkin）的文章《女性与情色》（“Women and Pornography”）

中也有所体现，刊在《纽约书评》，1993 年 10 月 21 日，也可参见伯纳德·威廉斯（Bernard Williams），《划线》（“Drawing Lines”），《伦敦书评》（*London Review of Books*），1994 年 5 月 12 日。

第 160 页引用的批评小亨利·路易斯·盖茨的信件，来自《高等教育纪事报》，1996 年 12 月 6 日。

第 160 页萧伯纳（Bernard Shaw）的引用，来自《安娜年斯卡》（*Annajanska*），1919 年。

第 160 页有关加拿大最高法院对巴特勒案（*Regina* v. *Butler*）的处理，可参见美国反审查联盟（National Coalition Against Censorship），审查新闻（*Censorship News*），1993 年第 4 期。

第 161 页查尔斯·劳伦斯（Charles Lawrence）的引用，来自他的文章《承受受害者的眼泪》（“Acknowledging the Victim's Cry”），《学术》（*Academe*），1990 年 11—12 月。

第 161—162 页小亨利·路易斯·盖茨的引用，来自《让他们发言》。

第 162 页诺曼·科温（Norman Corwin）的引用，来自约翰·麦克多诺（John McDonough）的文章《权利法案 200 年》（“The Bill of Rights at 200”），《华尔街日报》，1992 年 12 月 13 日。

第 163 页路易·梅南的格言来自他的文章《文化战争》（“The Culture Wars”），《纽约书评》，1994 年 10 月 6 日。

第 165 页杜利先生的格言，来自芬利·彼得·邓恩（Finley Peter Dunne）的著作《杜利先生的哲学》（*Mr. Dooley's Philosophy*），纽约，1900 年，第 258 页。

第 165 页托克维尔的引用，来自《论美国的民主》，第 2 卷，第 7 章。

索　　引

译后记

小阿瑟·M. 施莱辛格系美国杰出的历史学家、政治评论家，堪称学界政界两栖名人。作为德裔移民的后代，“新史学”巨匠阿瑟·M. 施莱辛格之子，《黑人历史杂志》的执行委员会成员，以及约翰·肯尼迪总统的白宫特别助理，他的一生笔耕不辍，凭借《杰克逊时代》、《核心：自由的政治》、《罗斯福时代》三部曲、《希望的政治》、《美国历史的周期》等多部著作，成为美国自由主义政治思想溯源、释义和构建进程中的思考者。这本 1991 年首次出版的《美国的分裂：对多元文化社会的思考》，恰恰体现了他对有助于维系本民族文化特性的“合众为一”立国理念的辩证认可，和对某些打着种族中心主义印记的多元文化主义，甚至更为激进的族裔崇拜现象的拷问。

《美国的分裂》成书于一个国际关系风云变幻、美国民主一枝独秀的权力转换期。此间原本用以划分“我们”与“他者”的意识形态对垒随着苏东剧变而趋于式微，第三波民主化浪潮的催化作用和全球化蕴涵的“同质一体”社会想象的冲击，使得自由民主与民族分离主义在世界范围内广泛结合，对一些多族群国家的国家统一、领土完整和民族凝聚构成严峻挑战。南斯拉夫、捷克斯洛伐克已然解体，印度、印度尼西亚、爱尔兰、以色列、黎巴嫩、斯里兰卡、阿富汗、卢旺达深陷族群或宗教冲突之中，南非、罗马尼亚、土耳其、格鲁吉亚、阿塞拜疆、菲律宾、埃塞俄比亚、索马里、尼日利亚、利比里亚、安哥拉、苏丹、刚果、圭亚那、特多等国亦不胜其扰。以全球族群矛盾多点爆发为背景，原本存在于美国社会的反盎格鲁中心主义逐渐演变为一种多元文化主义包装下的部落化倾向。以“非洲中心论”为代表的族群认知上的偏狭从如下三个方面改写着美国自由民主制度赖以建立的根本准则：其一，用群体权利置换作为宪法保护对象的个人权利，进而将族群利益凌驾于美利坚民族利益之上。其二，把“合众为一”的立国信条等同于盎格鲁-撒克逊新教徒的同化阴谋，由是格外强调“寻根”的重要性，且不断放大族群特异性。其三，从历史的撰写、解读和传承中寻求对现实际遇的解释乃至补偿，无论非裔、西班牙裔、亚裔，将美国史化约为族群史，将族群史精修为英雄史的意图和做法，消解着移民国家、“逐（美国）梦者”、星条旗帜永不落的共有记忆，同时也背离了各族群先祖多年前踏上北美大陆，塑造新身份、追求新生活的初衷。

本书频繁提及的各州历史课纲改革亦为小施莱辛格抨击

之焦点。事实上，自一九六〇年代开始，美国社会对中小学教育质量下滑以及教学标准混乱、课程设置无序等问题争议已久。在1989年举办的州长联席会议上，全美五十州的州长联合呼吁联邦政府制定全国性教育标准，一改中小学教育良莠不齐、各地学生无法达到教育公平的困境。[1]国会就此拟定《教育美国法》(Goals 2000：Educate America Act)，而在两院激辩期间，联邦教育部与国家人文基金也推动了历史教学标准的重修工作。在小施莱辛格看来，此次改革过分强调美国族群多元化的历史起源，刻意淡化盎格鲁-撒克逊白人的客观历史贡献，美国史由此从各族裔向往统一身份、共同追求美好生活的有机结合史变成了族群史的集装箱。如果说，原先带有浓厚欧洲文明中心论色彩的课标设置暗含着种族主义、白人至上主义以及排外主义的思维烙印，那么宣扬“非洲中心论”的历史教学，并将人类文明和发展的璀璨成果一股脑归功于非洲的倡议，非但不利于少数族裔提升自尊和自信，反倒会酿成三重后果：一是为历史虚无主义乃至价值虚无主义的泛滥创造条件；二是将多元文化主义推向极致的结果便是种族主义的别样呈现，且在统领美国主流文化的政治正确原则庇护下难以矫正；三是加剧各族群社区的碎片化倾向，使它们向着族群飞地、隔都（Ghetto）和部落各自为政、争吵不休的状态渐行渐远，最终彻底破坏共同的理想、共同的政治制度、共同的语言、共同的文化和共同的命运等维系共和

1 王希，《何谓美国历史——围绕“全国历史教学标准”引起的辩论》，《美国研究》1998年第4期，第10页。

国凝聚力的纽带。

译书伊始正逢特朗普履新不久，人们一面为英国脱欧、特朗普胜选等黑天鹅事件的出现寻找答案，慨叹国际社会步入“后真相时代”，一面讶异于美国政党极化、社会阶层隔离、右翼民粹主义力量的群体性崛起，给特朗普借助白人蓝领选票上位提供了条件。校对工作接近尾声时，恰处拜登与特朗普的权力交接期，多数选民厌倦了在“美国优先”的表面说辞下，医保覆盖率倒退，最低收入不见提升，税改劫贫济富，美墨边境打击非法移民丑闻不断，新冠疫情管控毫无起色，种族定性引发的警察暴力事件频仍，美国不断透支国际形象且四处树敌。然而，即便特朗普政绩多有瑕疵，但其死忠粉的狂热并未就此“熄火”。2020 年大选较量中，特朗普比 2016 年多赢得至少七百万张选票，连任遇挫后，其支持者一度强攻国会大厦，引发严重骚乱。尽管白宫易主，拜登上台预示着建制派回归，但拜登的选民多在“反对特朗普”的口号下集结起来，一旦丧失共同打击对象，特朗普时代延续下来的劳资矛盾、种族矛盾、社会部落化、政治极化倾向或将持续加剧，而在两党尖锐对立的状态下，拜登有关疫情、移民、环保的一系列政策改革都难言平顺。

客观地讲，翻译此书时美国所处的大变革背景不逊于小施莱辛格著作首次出版的 1991 年，而书中对族群自我认同超越国家认同的隐忧，对“大熔炉”或将被“巴别塔”取代的预警，对族群极端主义导致美国世界地位动摇的疑虑，都极富预见性地与当前身份政治的强势崛起、美国国际影响力的相对衰落遥相呼应。三十年后的今天，同化论与多元文化主义的论争仿佛退潮，受到社会承载力和文化包容力的制约，美国普遍关心的问题已从如何帮助那些“带连字符的美国人”融入和建设美国，转化为是否应从本国现实利益出发而拒绝大部分“非精英”移民。对此，《美国的分裂》一书早已给出了部分答案，爱默生和赞格威尔主张“熔炉论”，托克维尔反其道而行之，认为种族主义排斥现象在美国的国民性中根深蒂固，小施莱辛格始终相信共和国体现了超越族群、宗教和政治边界的理想，为来自不同种族、宗教、语言和文化的人创造了一个共同的身份认同。只有美国人继续追随此目标，才有可能不断取得成功。如果共和国现在与华盛顿曾经提出的“一个民族”的目标背道而驰，那么等待它的将是民族共同体瓦解、种族隔离、巴尔干化抑或部落化等渊薮。

诚然全书观点犀利，鞭辟入里，译者此处仍需赘述两点：

第一，鉴于小施莱辛格在原文中对族群（ethnic group）、族群性（ethnicity）、种族（race）、民族（nation）等概念的使用信手拈来、稍显随意，因此翻译、阅读和理解均需着意结合上下文语境，方能得其要义。第二，作者认为对族群性的过度强调、人为区分、刻意维护将导致族群间矛盾，进而诱发“美利坚分众国”的风险，但实际情况是，当美国存在物质、法治或伦理价值观冲突时，族群性的工具性一面才会显现。借用德国学者李峻石（Günther Schlee）的观点，即族群性是在冲突进程中发展起来的，是在有强制性边界、排斥性政治或是在需要形成联盟时才形成的，由此造成族群间敌意的抬头。[1]所以对今日美国而言，族群性凸显是国家发展遇阻的结果而非成因，小施莱辛格书中的分析显然把有关“民族、族裔、种族之间何故为敌”这个经典命题再度抛到了读者面前。

纵观全书，处处可以感受到小施莱辛格作为历史学者的理性之光和见微知著，同时也能触碰到他行走于白宫的政治阅历。通读全篇，最令我感慨的莫过于小施莱辛格援引莱茵霍尔德·尼布尔在《美国历史的反讽》中的观点，美国人太倾向于相信自己的无辜和正义，太不情愿承认自己灵魂中自私自利的一面，“个人和群体有朝一日均有可能陷入罪恶的渊薮，当他们准备扮演历史的主宰者时尤其如此”。

王聪悦

2021 年 5 月

1　李峻石著，吴秀杰译，《何故为敌：族群与宗教冲突论纲》，社会科学文献出版社，2017 年，第 3 页。

Arthur M. Schlesinger, Jr.
THE DISUNITING OF AMERICA

图字：09－2018－1136号

本书由上海文化发展基金资助出版

图书在版编目(CIP)数据

美国的分裂：对多元文化社会的思考／(美)小阿瑟·M.施莱辛格著；王聪悦译.—上海：上海译文出版社，2021.8

(小施莱辛格史学经典)

书名原文：The Disuniting of America: Reflections on a Multicultural Society

ISBN 978－7－5327－8715－9

Ⅰ.①美… Ⅱ.①小… ②王… Ⅲ.①政治—历史—研究—美国 Ⅳ.①D771.29

中国版本图书馆CIP数据核字(2021)第146619号

美国的分裂：对多元文化社会的思考	Arthur M. Schlesinger, Jr.	出版统筹 赵武平
The Disuniting of America: Reflections on a Multicultural Society	[美] 小阿瑟·M. 施莱辛格 著 王聪悦 译	策划编辑 陈飞雪 责任编辑 李欣祯 装帧设计 周安迪

上海译文出版社有限公司出版、发行
网址：www.yiwen.com.cn
201101 上海市闵行区号景路159弄B座
江阴市机关印刷服务有限公司印刷

开本 890×1240 1/32 印张 7.75 插页 5 字数 149,000
2022年2月第1版 2022年2月第1次印刷

ISBN 978－7－5327－8715－9/K·288
定价：65.00元